REPÈRES PRATIQUES

La COMMUNICATION *par* L'IMAGE

Christiane CADET
René CHARLES
Jean-Luc GALUS

Nathan

SOMMAIRE

Techniques

Peinture

Dessin

Photo

Arts graphiques

Cinéma-vidéo

Annexes

© Nathan 1990 pour la première édition – ISBN 2-09-177688-2
© Nathan 2013, 25 avenue Pierre-de-Coubertin, 75013 Paris pour la présente édition – ISBN 978-2-09-162831-8

MODE D'EMPLOI

Divisé en six parties, l'ouvrage s'organise par doubles pages.
Chaque double page fait le point sur un thème et fonctionne de la façon suivante.

À gauche

Une page synthèse apporte toutes les informations pour comprendre le sujet de la double page.

À droite

Une page illustre la technique, le procédé ou la méthode exposés à gauche.

Le titre annonce le thème de la double page.

Le menu aide à repérer les six parties du livre.

Quelques lignes d'introduction présentent les principaux éléments du sujet.

L'illustration apporte un complément au texte.

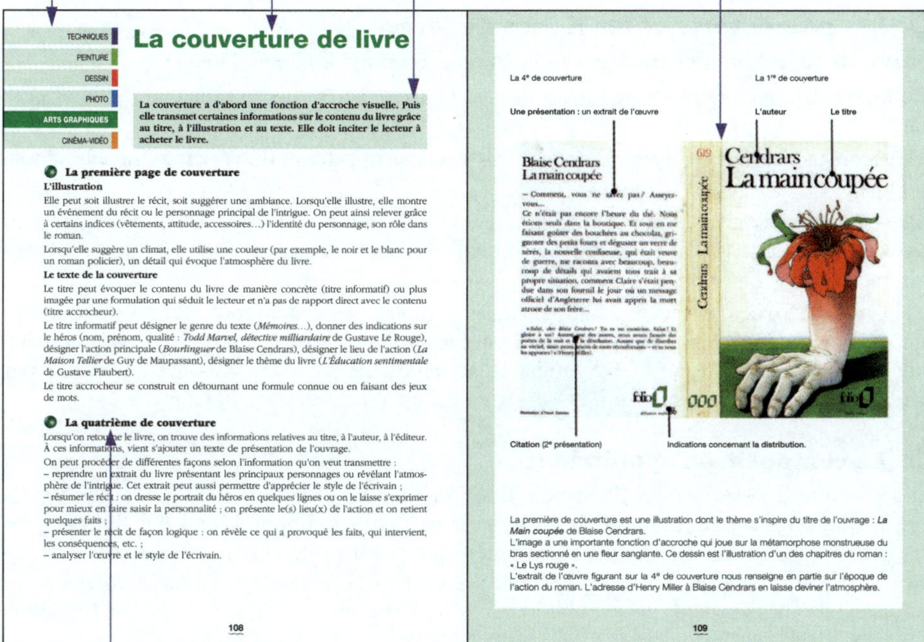

TECHNIQUES
PEINTURE
DESSIN
PHOTO
ARTS GRAPHIQUES
CINÉMA-VIDÉO

La couverture de livre

La couverture a d'abord une fonction d'accroche visuelle. Puis elle transmet certaines informations sur le contenu du livre grâce au titre, à l'illustration et au texte. Elle doit inciter le lecteur à acheter le livre.

La première page de couverture

L'illustration

Elle peut soit illustrer le récit, soit suggérer une ambiance. Lorsqu'elle illustre, elle montre un événement du récit ou le personnage principal de l'intrigue. On peut ainsi relever grâce à certains indices (vêtements, attitude, accessoires…) l'identité du personnage, son rôle dans le roman.

Lorsqu'elle suggère un climat, elle utilise une couleur (par exemple, le noir et le blanc pour un roman policier), un détail qui évoque l'atmosphère du livre.

Le texte de la couverture

Le titre peut évoquer le contenu du livre de manière concrète (titre informatif) ou plus imagée par une formulation qui séduit le lecteur et n'a pas de rapport direct avec le contenu (titre accrocheur).

Le titre informatif peut désigner le genre du texte (*Mémoires*…), donner des indications sur le héros (nom, prénom, qualité : *Todd Marvel, détective milliardaire* de Gustave Le Rouge), désigner l'action principale (*Bourlinguer* de Blaise Cendrars), désigner le lieu de l'action (*La Maison Tellier* de Guy de Maupassant), désigner le thème du livre (*L'Éducation sentimentale* de Gustave Flaubert).

Le titre accrocheur se construit en détournant une formule connue ou en faisant des jeux de mots.

La quatrième de couverture

Lorsqu'on retourne le livre, on trouve des informations relatives au titre, à l'auteur, à l'éditeur. À ces informations, vient s'ajouter un texte de présentation de l'ouvrage.

On peut procéder de différentes façons selon l'information qu'on veut transmettre :
– reprendre un extrait du livre présentant les principaux personnages ou révélant l'atmosphère de l'intrigue. Cet extrait peut aussi permettre d'apprécier le style de l'écrivain ;
– résumer le récit : on dresse le portrait du héros en quelques lignes ou on le laisse s'exprimer pour mieux en faire saisir la personnalité ; on présente le(s) lieu(x) de l'action et on retient quelques faits ;
– présenter le récit de façon logique : on révèle ce qui a provoqué les faits, qui intervient, les conséquences, etc. ;
– analyser l'œuvre et le style de l'écrivain.

108

La 4e de couverture

La 1re de couverture

Une présentation : un extrait de l'œuvre

L'auteur

Le titre

Citation (2e présentation)

Indications concernant la distribution.

La première de couverture est une illustration dont le thème s'inspire du titre de l'ouvrage : ***La Main coupée*** de Blaise Cendrars.
L'image a une importante fonction d'accroche qui joue sur la métamorphose monstrueuse du bras sectionné en une fleur sanglante. Ce dessin est l'illustration d'un des chapitres du roman : « Le Lys rouge ».
L'extrait de l'œuvre figurant sur la 4e de couverture nous renseigne en partie sur l'époque de l'action du roman. L'adresse d'Henry Miller à Blaise Cendrars en laisse deviner l'atmosphère.

109

Les sous-titres permettent de saisir l'essentiel en un coup d'œil.

Composition, points forts, lignes de force

La composition d'une image correspond à l'organisation d'un certain nombre d'éléments identifiables par l'œil : taches, masses colorées, segments de droites, figures géométriques, éléments signifiants (motifs, objets, personnages).

L'évolution de la composition

Au cours des siècles, l'image a évolué quant à son utilisation par l'individu et sa fonction dans la société. Cette évolution a eu des retentissements sur la manière dont elle s'est inscrite dans un espace donné : monument, tapisserie, tableau, page de livre, affiche, écran... Dans l'Antiquité, le style de certains monuments (bas-reliefs) entraîne la présence de figures allongées et répétitives. Au Moyen Âge, les styles roman et gothique suscitent des figures arrondies ou en ogive. Enfin, le développement de la peinture (une toile sur un cadre de bois) fait du rectangle la forme dominante à partir de laquelle s'organise progressivement l'image en Occident.

Les points forts et les lignes de force

Les **points forts** sont des passages obligés pour l'œil qui examine l'image :

– tache claire dans un ensemble foncé : ce seul élément constitue un pôle d'attraction immédiat ;

– plusieurs taches claires diversement réparties : elles constituent un véritable tracé lumineux de l'image qui oriente le regard ;

– des éléments identifiables intervenant dans la signification globale : motifs, objets, personnages. Un élément vivant (humain ou animal) constitue un point fort dans un ensemble inanimé.

Les **lignes de force** correspondent à des lignes simples (arête d'un mur, courbes d'un corps, ligne d'horizon) qui parcourent la photographie ou le tableau. Elles existent virtuellement dans l'espace géométrique du rectangle (diagonales, perpendiculaires, parallèles) et permettent donc d'aider aussi bien à la construction qu'à la lecture de l'image.

La composition symétrique

Il s'agit d'une décomposition du rectangle en éléments qui se correspondent. Ce type de construction, très répandu au Moyen Âge, s'est perpétué au cours des siècles dans la peinture et la photographie. La composition symétrique permet une décomposition du rectangle qui favorise la répétition de figures semblables de part et d'autre d'un axe. Le maillage des verticales, des horizontales et des obliques offre différentes possibilités de points forts et de lignes de force.

La composition au tiers

Il s'agit d'une décomposition du rectangle en multiples de 3. Ce type de construction employé en peinture à partir du XVe siècle italien (*quattrocento*) est courant en photographie. La composition au tiers permet de rompre la monotonie de la symétrie tout en sauvegardant un effet d'équilibre.

LA COMPOSITION SYMÉTRIQUE DU TABLEAU DE POLLAIOLO

Pollaiolo, *Le Martyre de saint Sébastien*, National Gallery, Londres.

1. Le rectangle est décomposé de façon simple : on trace les diagonales principales.

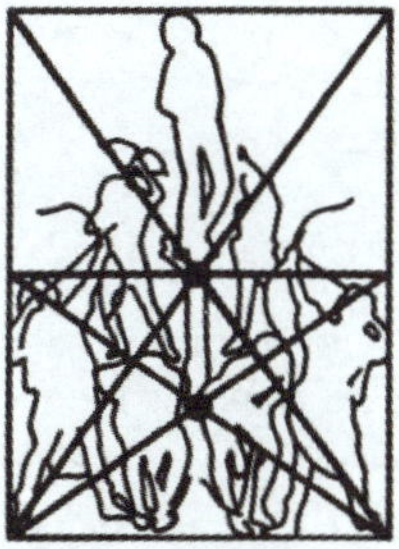

2. À partir des diagonales, on a tracé une horizontale et une verticale principale.

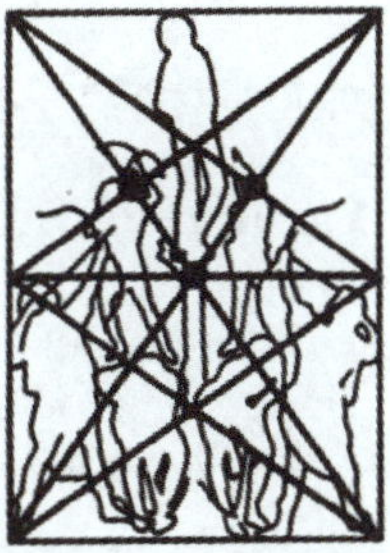

3. On peut alors procéder au tracé des diagonales secondaires. L'image est progressivement découpée de façon symétrique.

Horizontales, verticales, obliques

Les formes les plus complexes sont le résultat d'une combinaison entre points et lignes. Outre la signification qu'elles prennent en se combinant, les formes simples ont une valeur de suggestion particulière.

La ligne horizontale

C'est une ligne froide, calme et plate qui peut évoquer l'horizon ou l'immobilité d'un corps étendu. Elle s'accorde parfaitement avec le format rectangulaire.

Évocation de l'horizon

Impression de profondeur, étalement des plans

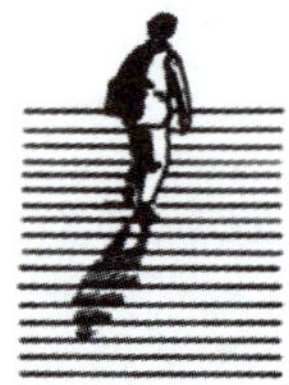

Élargissement apparent de la surface

La ligne verticale

Elle évoque la station debout et exprime la hauteur. Elle ne possède pas la propriété d'approfondir l'espace : si le regard est confronté à plusieurs verticales, il est arrêté et ne pénètre pas dans la profondeur de l'image.

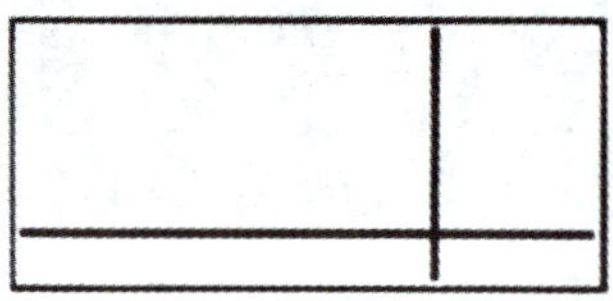

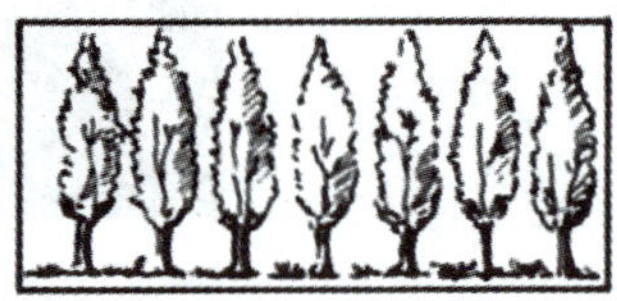

La diagonale

Elle est animée d'un mouvement qui emporte le regard. C'est elle qui oriente le sens de lecture de l'image.

La ligne oblique

Certaines lignes obliques interviennent dans la composition géométrique du plan (diagonales principales et secondaires). D'autres sont des lignes libres qui créent facilement une impression d'instabilité. Toutes contribuent au dynamisme.

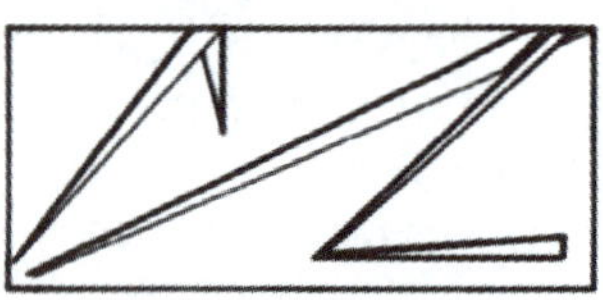

Utilisation des diagonales : mouvement ascendant très fort

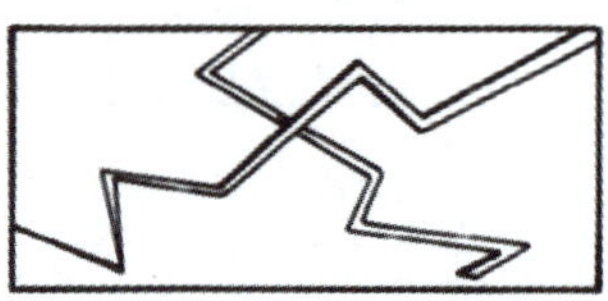

Lignes obliques libres : instabilité, inquiétude

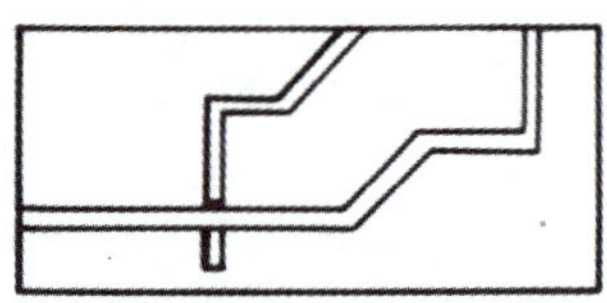

Verticales + horizontales + obliques = lignes brisées : effet de rupture

LE RÔLE DES DIAGONALES DANS L'ORIENTATION DE LA LECTURE DE L'IMAGE

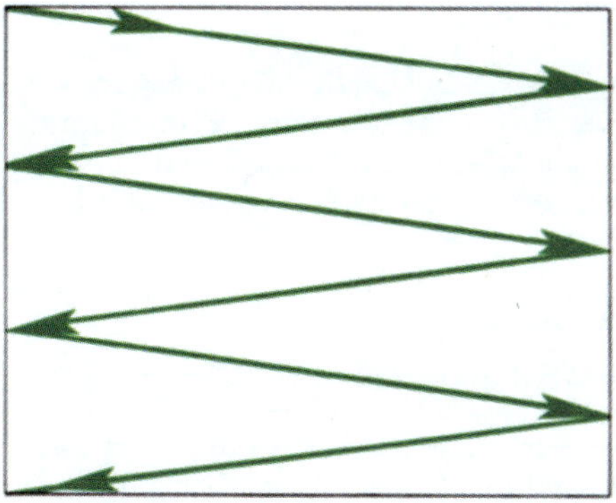

Premier regard :
balayage de gauche à droite

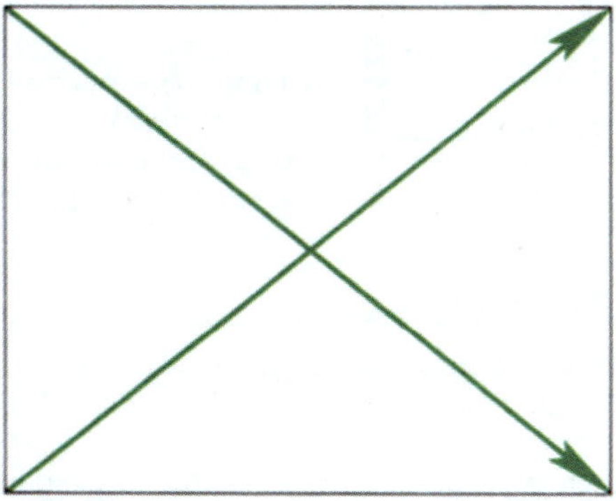

Deuxième regard :
parcours des diagonales

Confronté à une photographie ou à un tableau, l'œil effectue un itinéraire qui part du point supérieur gauche puis balaie la surface de haut en bas et de gauche à droite. L'œil parcourt ensuite les diagonales de l'image.

Sens de lecture prioritaire

Le choix du peintre et du photographe tient compte de cette orientation naturelle de la lecture, mais il peut aussi la canaliser en imposant un trajet prioritaire ou parfois même la contrarier par l'agencement des éléments.

Cercles, courbes et motifs

Figure géométrique parfaite, dans la mesure où elle est entièrement achevée et close, le cercle occupe une place prépondérante dans l'art monumental religieux. Les courbes confèrent à l'image une douceur qui tempère la dureté des droites et des angles.

L'utilisation de l'encadrement circulaire

Le cadre circulaire est moins utilisé que le rectangle. Il intervient en architecture (rosaces des cathédrales, vitraux) et reste fréquent en peinture jusqu'à la Renaissance dans la mesure où certains tableaux sont destinés à orner l'intérieur des églises et épousent les formes architecturales. Cadre de portrait, médaillon, il est utilisé ultérieurement chaque fois qu'un effet particulier veut être produit.

Le cadre circulaire et la composition de l'image

Le cadre circulaire engendre la redondance de courbes à l'intérieur de l'image avec un ou plusieurs points forts qui sont le centre du cercle, cadre de l'image, et les centres d'autres cercles imaginaires non entièrement construits. Ces lignes correspondent à des formes concrètes (arrondi d'un visage, d'un buste ou d'un bras, dessin d'un vase ou d'un bol, motif floral). Le cercle imaginaire fait correspondre les formes entre elles et amène une circulation du regard.

Les cercles et les courbes à l'intérieur d'un cadre rectangulaire

Le cercle et la courbe suggèrent un certain nombre de connotations (associations d'idées à la fois personnelles et communes à un groupe de même culture). Ce sont la protection (dans la mesure où il s'agit d'une forme close), la douceur féminine (par évocation du ventre maternel), l'importance (en raison de la notion de centre propre à cette forme géométrique, suggérée par le soleil au zénith ou le pistil de la fleur).

Harmonie et équilibre. Si les formes circulaires interviennent en relation avec des droites et des obliques (cadre du rectangle, diagonales principales et secondaires, lignes libres), la courbe introduit un élément de régulation et de tempérance qui contribue à l'effet général d'harmonie et d'équilibre.

Ces formes circulaires peuvent être amenées soit par des éléments présents dans l'image (soleil, visage, roue...) soit, dans le cas d'un éclairage à la bougie, par les zones concentriques qui partent du foyer lumineux et dessinent des ombres progressivement accentuées.

La répétition de motifs

Le cercle n'est pas la seule forme géométrique susceptible de se répéter à l'intérieur de l'image. L'art de la composition, en photographie comme en peinture, peut consister à organiser le cadre de façon à provoquer la répétition de motifs, c'est-à-dire d'éléments réels semblables ou de formes optiques imaginaires.

L'HARMONIE DES COURBES DANS UNE PEINTURE DE RAPHAËL

Raphaël, *La Vierge à la chaise* (1513-1514), palais Pitti, Florence.

Ce tableau de Raphaël associe la Vierge et l'enfant dans une sorte de tourbillon concentrique. Aucune forme n'est angulaire ou agressive. Les formes arrondies dominent, qu'il s'agisse de l'auréole symbolique, de l'ovale des visages, de la courbe des membres ou de la sculpture du dossier. Un cercle réunit la mère et l'enfant. Un autre cercle permet d'associer les trois regards. Le visage de l'enfant apparaît au centre de trois formes concentriques.

Le nombre d'or

Le nombre d'or correspond à un rapport mathématique capable de créer un effet d'harmonie par la mise en place de proportions idéales.

La recherche du nombre d'or

Les Grecs ont cherché à appliquer à l'ensemble des arts une constatation effectuée en musique : les intervalles musicaux perçus comme harmonieux sont réglés par des rapports numériques (octave, quinte, quarte). Ils en ont déduit que l'impression de beauté est d'ordre mathématique et qu'il existe une harmonie cosmique universelle. Cette théorie a été exprimée par le mathématicien Pythagore, bâtisseur d'une véritable religion des nombres.

La recherche du nombre d'or correspond à celle d'une relation idéale de l'œuvre et des éléments qui la composent. Au Ve siècle avant J.-C., le Parthénon, temple d'Athènes, fut construit selon les proportions dictées par le nombre d'or. Oublié au Moyen Âge, le nombre d'or fut repris en peinture à la Renaissance et enseigné jusqu'au XXe siècle.

Calcul

Le nombre d'or peut constituer une référence en photographie, en peinture ou en architecture, et permettre une composition particulièrement équilibrée. Le calcul a pour but de déterminer des proportions idéales à partir d'un point. Ce point correspond à la section d'or. La recherche de la section d'or permet de créer des rapports harmonieux.

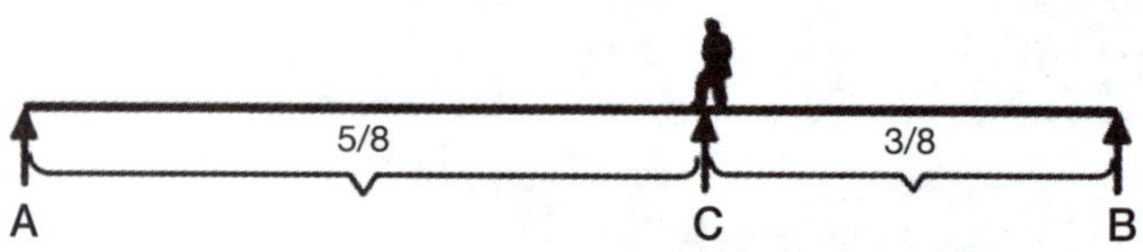

C = section d'or

Le rapport entre le segment le plus grand (AB) et le segment moyen (AC) est égal au rapport entre le segment moyen (AC) et le plus petit segment (CB).

Le nombre obtenu – 1,618 (appelé « nombre d'or ») – est invariable.

La construction de l'image

Si l'on veut éviter les calculs, on peut procéder approximativement au moyen d'une série de rapports numériques. On envisage une suite de nombres tels que chaque nombre est égal à la somme des deux nombres qui le précèdent.

Exemple : 3 + 2 = 5 + 3 = 8 + 5 = 13 + 8 = 21 + 13 = 34… Cette suite a été proposée par Fibonacci, mathématicien du XIIIe siècle. Elle permet par exemple de construire un rectangle dont la longueur totale de 8 cm est divisée à la section d'or en deux segments de 5 et 3 cm. Le rapport entre les nombres de la suite (5, 8, 13, 21, etc.) est proche de 1,6.

La méthode la plus simple sur le plan pratique consiste à plier trois fois de suite en deux, sur la longueur puis sur la largeur, un morceau de papier correspondant aux dimensions de l'image.

Photographie d'un homme sous un pont, par Harald Mante,
publiée dans *La Composition en photographie*.

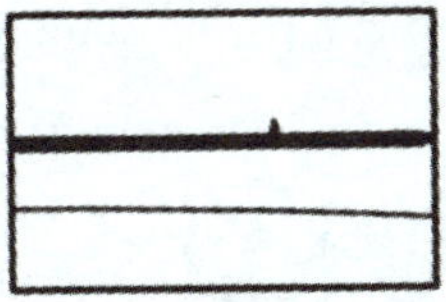

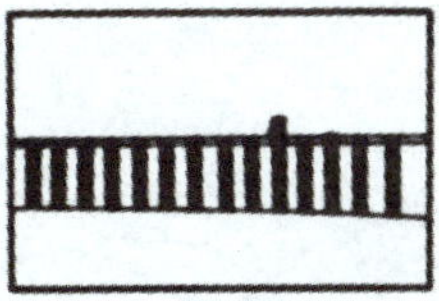

Section d'or — Point fort — Horizontales — Verticales

La construction de la photographie est structurée par des lignes horizontales et verticales. Cette rigueur met en valeur le personnage, seul élément vivant de la scène.
Dans la construction d'une image, on obtient un effet d'harmonie en faisant se détacher un personnage ou un élément de décor à la section d'or. Ce résultat peut correspondre à une intention visuelle du photographe ou être obtenu par recadrage au développement.
Dans la photographie ci-dessus, l'emplacement de l'homme sur le pont correspond exactement à la section d'or : à 1/3 du bord droit de l'image. Par ailleurs, la répartition entre la surface noire et celle en gris, qui est d'environ un à quatre, évite la rigueur monotone d'un équilibre trop précis.

L'illusion de la profondeur

La division de l'espace en plusieurs plans distincts qui s'étagent en profondeur crée l'illusion de la profondeur. Le jeu sur les couleurs des objets éloignés crée la perspective colorée.

Histoire de la perspective

Avant la Renaissance, l'homme a exploité d'autres codes de représentation.

La perspective frontale : les lignes, qui seraient fuyantes sur une vue perspective, sont parallèles. Les dimensions des personnages ne sont pas proportionnelles à leur éloignement dans l'espace mais dépendent de leur importance religieuse ou sociale (exemple : l'Égypte ancienne).

La perspective médiévale : le sujet principal d'un tableau est le point de départ des lignes de fuite dont les multiples points de fuite ne sont pas placés sur une même ligne. La profondeur apparaît rendue en hauteur ou par la diminution des grandeurs en fonction de l'éloignement.

Le rôle des plans

L'illusion de la profondeur est donnée par des plans distincts s'appuyant chacun sur des repères : des groupes de personnages ou de choses correspondent à des plans différents.

Le chevauchement des formes

L'objet qui est en partie caché par un autre donne l'illusion d'être plus en arrière.

Le jeu sur la taille et l'échelle des personnages ou des objets

L'œil juge des distances par les tailles respectives des personnes ou des choses diversement éloignées.

L'illusion de la couleur : la perspective colorée

Dans la nature : l'action de l'atmosphère sur la diffusion de la lumière donne aux objets lointains une teinte bleutée.

Dans la peinture : en estompant les contrastes au fur et à mesure que les formes sont éloignées, l'artiste donne l'illusion de la profondeur.

Deux procédés permettent d'augmenter l'impression d'espace : l'utilisation de couleurs pâles au troisième plan et la présence d'un élément sombre au premier plan.

Bertrandon de la Brocquinière,
Voyage d'outre-mer, Philippe le Bon au camp de Mussy-l'Évêque.

Ce tableau du XVe siècle est coupé en deux parties. La **partie supérieure**, peinte en camaïeu bleuté, détermine un paysage lointain. Elle correspond à un arrière-plan où la perspective est quasiment inexistante. La **partie inférieure** de la toile représente la scène proprement dite avec les personnages et les bâtiments à l'architecture précise. Les **points de fuite** sont répartis au centre de l'image.

La perspective linéaire

Elle est fondée sur une illusion optique qui nous fait paraître les objets lointains plus petits que les objets proches de nous.

Le point de vue

C'est l'endroit d'où, en demeurant immobile, on peut fixer les objets, la scène à représenter.

Le rayon visuel principal

C'est la ligne imaginaire menée du point de vue à l'objet. La distance entre le point de vue et l'objet à représenter en dessin ou en peinture doit être égale à deux fois et demie la hauteur de l'objet pour obtenir une perspective conforme à la vision.

La ligne d'horizon

C'est la ligne horizontale, imaginaire, perpendiculaire au rayon visuel. Par exemple, si l'on se trouve au bord de la mer, la ligne d'horizon est la ligne qui sépare la mer du ciel. Si l'on ne se trouve pas en vue de la mer, la ligne d'horizon est déterminée par la hauteur de l'œil. Les lignes parallèles qui sont dans le sens du regard semblent toutes s'enfuir vers la ligne d'horizon. Elles paraissent converger en un même point appelé « point de fuite ».

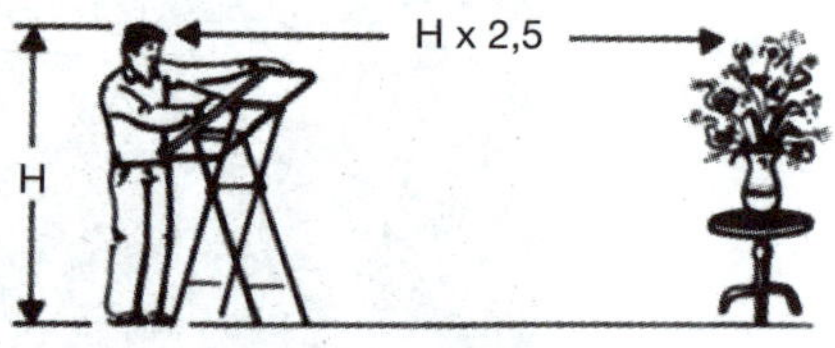

La hauteur des objets, des personnages

On parvient à créer l'impression de relief dans une image en faisant apparaître des personnes ou des objets à différentes échelles. Ainsi, un personnage plus grand apparaîtra plus proche qu'un personnage plus petit. Cette illusion est renforcée par la place des formes lorsqu'elles sont enserrées dans un réseau de lignes aboutissant à un même point.

LE JEU SUR LA PERSPECTIVE

Hergé, *Le Trésor de Rackham le Rouge*, Éd. Casterman.

Tintin, Haddock, Dupond et Dupont s'enfoncent dans la forêt équatoriale. Hergé parvient à donner l'illusion de leur cheminement à travers les arbres et les lianes par différents procédés.

– Le rayon visuel principal : cette ligne imaginaire du spectateur est coupée par une diagonale, celle du trajet suivi par les héros.

– Le jeu sur la taille des personnages : Tintin, qui est le personnage le plus éloigné, apparaît de plus petite taille que le capitaine Haddock qui le suit. Le dessinateur donne ainsi l'impression que les personnages, échelonnés, se suivent à quelques mètres les uns des autres.

– Le chevauchement des formes : Hergé a placé au premier plan un énorme arbre. La place qu'il prend dans l'image et le fait qu'il masque en partie Dupond et Dupont permettent d'accentuer l'impression de profondeur dans le dessin.

Lignes de fuite, points de fuite

Selon les lois établies par la perspective, les lignes qui sont parallèles dans la nature paraissent se rejoindre sur une image en un point appelé « point de fuite ».

Les lignes de fuite et le point de fuite principal

Ce sont les lignes imaginaires que l'on peut faire passer par les objets ou les personnages d'une image. Ces lignes se rejoignent vers la ligne d'horizon. Elles aboutissent à un même point. Ce point, situé sur la ligne d'horizon, s'appelle « le point de fuite ».

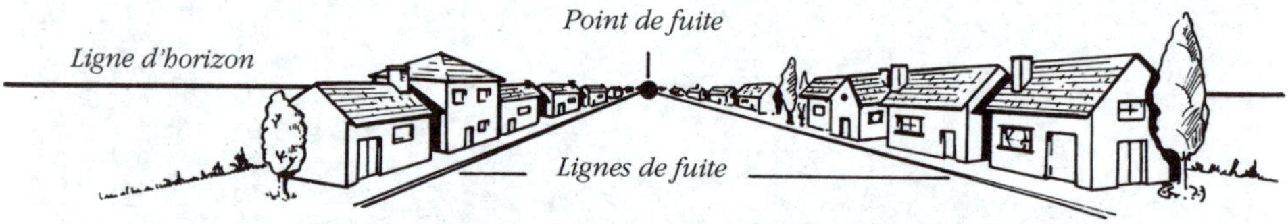

Les perspectives à un ou plusieurs points de fuite

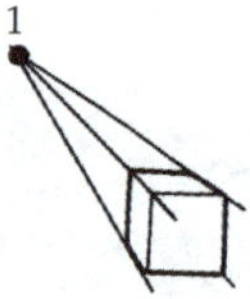

Un point de fuite

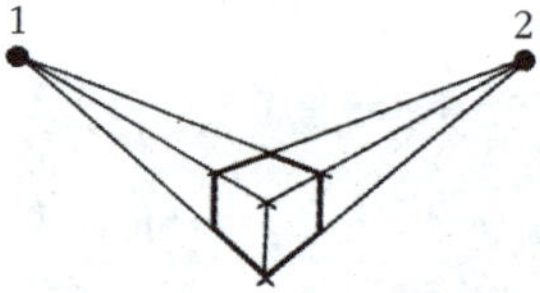

Deux points de fuite

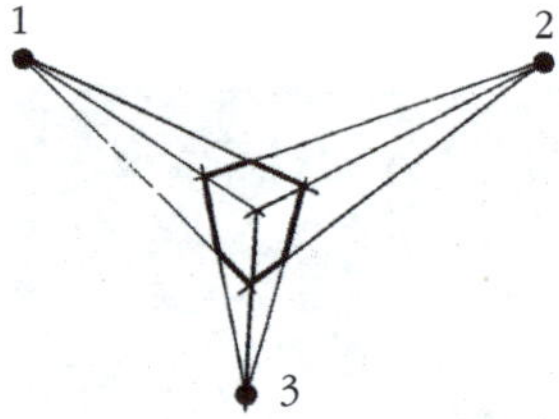

Trois points de fuite

La place du point de fuite et la construction de l'image

Si l'on veut composer une image avec un effet de profondeur marqué, on fait se joindre rapidement les lignes de fuite sur le point de fuite. Si l'on veut, au contraire, une image avec un effet de profondeur moins accentué, on place le point de fuite hors du cadre de l'image.

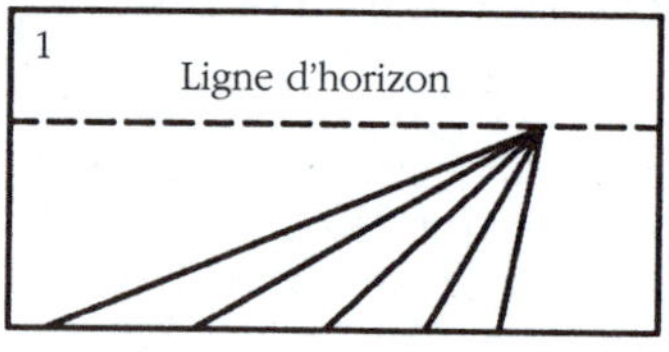

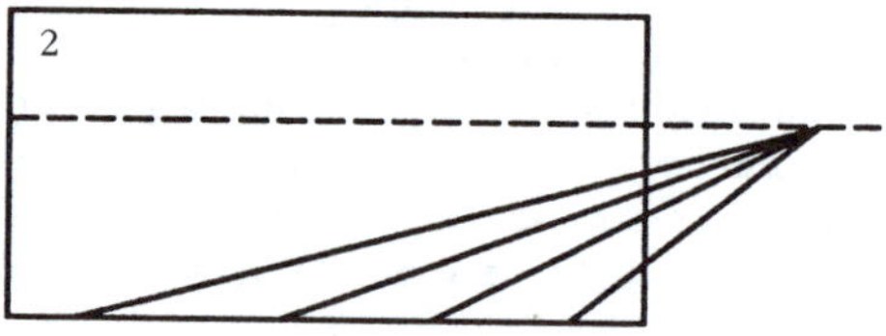

François Schuiten, Benoît Peeters,
« L'écho des cités », in *Les Cités obscures*, © Éd. Casterman, 1993.

La construction du dessin repose sur la convergence de toutes les lignes de fuite vers deux points de fuite. L'un, extérieur à l'image, est situé en haut, dans le prolongement de la verticale des immeubles. L'autre se trouve au centre du dessin, sous les deux ponts. Schuiten et Peeters dessinent des sites imaginaires d'une idéale harmonie dans lesquelles ils introduisent parfois un édifice réel.

TECHNIQUES

PEINTURE

DESSIN

PHOTO

ARTS GRAPHIQUES

CINÉMA-VIDÉO

L'échelle des plans

L'échelle des plans correspond à la grandeur des êtres animés, objets ou éléments de décor représentés dans l'image par rapport à la taille de celle-ci. Elle ne dépend pas de l'agrandissement de l'image mais traduit un rapport de proportion entre le sujet et le cadre.

	Fonction générale	Dans quelles images en trouve-t-on ?	Au cinéma, à quoi cela sert-il ?
Plan général	Décrire.	– **Peintures et photographies** de paysages. – **Vignettes de BD** ou plans de **romans-photos** intervenant au début du récit ou correspondant à la perception d'un personnage.	– Montrer le contexte de la scène. – Susciter une émotion esthétique. – Suggérer la solitude du héros (personnage réduit à l'état de silhouette ou de point dans l'immensité du plan).
Plan large	Situer.	**Paysages d'accompagnement** servant de toiles de fond à des scènes religieuses ou profanes présentées en peinture.	– Évoquer globalement l'action. – Suggérer le contexte sans lui accorder une place particulière (exemple : scènes de bataille).
Vue de pied	Attester.	– **Portraits officiels** (peintures ou photographies). – **Vignettes de BD** correspondant au moment où l'action privilégie un personnage.	Distinguer un personnage de ce qui l'entoure, lui accorder une importance, le présenter en action.
Plan moyen	Attirer l'attention.	**Portraits** laissant à l'attitude et au costume un rôle dans la signification.	Accorder une importance croissante au personnage et à ses gestes, intensifier l'action.
Gros plan	Dramatiser, émouvoir.	**Portraits** cherchant à traduire une dimension intérieure.	Exprimer la sensibilité, faire ressentir au spectateur les sentiments du personnage.
Très gros plan	Arrêter l'attention, porter l'émotion à son paroxysme.	– **Images publicitaires** jouant sur la valeur d'un détail. – **Photographies et peintures** à caractère symbolique ou fantastique. – **Vignettes de BD** suggérant l'intensité de l'émotion.	Saisir un détail pour lui accorder une valeur symbolique ou fantastique.

1. Plan général ou plan de grand ensemble
Il embrasse le décor suivant la possibilité la plus étendue du champ visuel.

2. Plan large ou plan de demi-ensemble
Il présente le décor dans lequel évoluent les personnages sans lui accorder une place prépondérante.

3. Vue de pied ou plein cadre
Elle correspond à la représentation intégrale du personnage qui remplit le cadre de l'image.

4. Plan moyen
Il présente le personnage en buste.

Remarque : au cinéma et en bande dessinée, on distingue trois possibilités de coupe pour le plan moyen : à la poitrine (plan poitrine), à la taille (plan américain), aux genoux (plan italien). Dans ces deux genres interviennent aussi le gros plan (le visage) et le très gros plan (un détail du visage ou du corps).

L'angle de vue

Un personnage ou un objet peuvent être perçus de face, de dos, de profil ou de trois quarts. La vision s'effectue soit au même niveau que le sujet, soit de haut en bas ou de bas en haut. Ce rapport entre l'œil et le sujet regardé est appelé « angle de vue ».

La vue de face

Cette vision, encore appelée « vision frontale », a une fonction de contact. Elle donne l'impression que le personnage représenté s'adresse directement au spectateur ou au lecteur. Exemples d'utilisation : en publicité, le personnage paraît apostropher le destinataire et capte obligatoirement son attention ; s'il s'agit d'une affiche électorale, le candidat donne l'impression de regarder le public droit dans les yeux et suscite la confiance par un effet d'engagement. Ce procédé peut avoir des effets négatifs : le destinataire de l'image peut se sentir agressé.

La vue de dos ou de profil

La vue de dos ou de profil est moins couramment utilisée que la précédente. Elle exprime toujours une intention particulière.

La vue de dos : elle crée un effet insolite et énigmatique. Un personnage dessiné, photographié ou filmé de dos est indéchiffrable. Le lecteur (ou le spectateur) reste insatisfait et attend inconsciemment qu'il se retourne.

La vue de profil : l'ombre d'un personnage vu de profil peut amener une dimension fantastique ou évoquer l'imminence d'un danger. Ce procédé est fréquent dans le western et le récit policier.

La vue de trois quarts

Le trois quarts peut apparaître plus neutre, moins subjectif que la vision frontale : l'affirmation du personnage est moins forte, l'effet d'apostrophe s'adoucit et se transforme en invitation à regarder.

La vue au niveau du sujet

C'est la vue qui est le plus souvent utilisée dans la mesure où elle n'indique pas de parti pris, apparaissant neutre et objective.

La plongée

Le regard domine le personnage ou le décor. La plongée peut servir à décrire. Vu de haut, un paysage est plus proche du plan, plus lisible dans sa structure physique et géographique. S'il s'agit d'un personnage, la vue en plongée donne souvent l'impression que celui-ci est dominé.

La contre-plongée

La vue en contre-plongée résulte du fait que celui qui regarde est situé en contrebas du sujet regardé. L'effet peut être positif s'il n'est pas appuyé : la personne représentée donne une impression de puissance, de volonté et de personnalité. L'effet est négatif si la contre-plongée est accentuée : l'image apparaît autoritaire et despotique.

1. Vue de profil

2. Vue de trois quarts

3. Vue de face

4. Vue en plongée

5. Vue au niveau du sujet

6. Vue en contre-plongée

Couleurs primaires et secondaires

La peinture utilise des pigments colorés de nature chimique à partir desquels sont obtenues des teintes différentes.

Comment obtenir des couleurs en peinture ?

Les couleurs-pigments à partir desquelles toutes les autres couleurs peuvent être obtenues sont le jaune, le rouge et le bleu. Elles sont appelées « couleurs primaires ».

Le mélange de deux couleurs primaires permet d'obtenir une couleur secondaire. La couleur primaire non utilisée est dite « complémentaire » de la couleur obtenue.

Couleurs primaires mélangées	**Couleurs secondaires** obtenues	**Complémentaires** des couleurs obtenues
jaune + rouge	orangé	bleu
jaune + bleu	vert	rouge
rouge + bleu	violet	jaune

Les couleurs primaires sont le bleu, le jaune et le rouge. Leur mélange donne les couleurs secondaires : l'orangé, le violet et le vert.

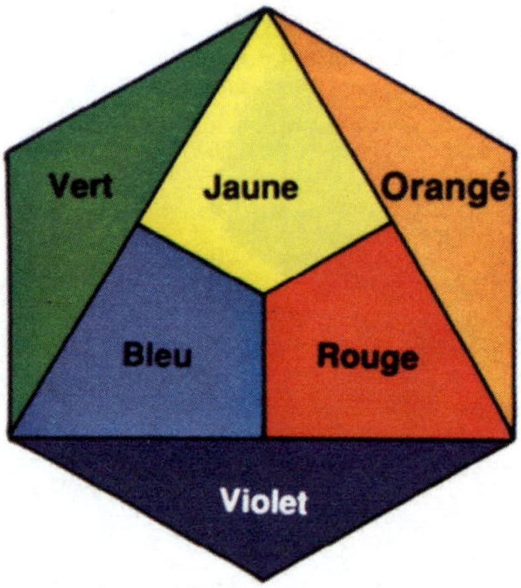

Matisse, *Nature morte aux grenades*, 1947, musée Matisse, Nice.

À l'ensemble rouge-jaune-noir de l'intérieur s'oppose l'ensemble vert-bleu-blanc de l'extérieur. Le choix des couleurs est guidé par la recherche d'une harmonie qui l'emporte sur le souci de représentation du réel.

L'harmonie des couleurs

L'analyse systématique de tableaux et de photographies fait apparaître des constantes. Ces règles ont d'abord été appliquées instinctivement par les peintres. Elles ont été exposées sous forme de théorie par l'école du Bauhaus (fondée en 1919 à Weimar) et trouvent actuellement une application technologique dans la confection des tissus.

L'équilibre entre les couleurs : harmonie en quantité

L'**équilibre visuel** entre deux couleurs dépend, d'une part, de la luminosité de la couleur, d'autre part, de la surface plus ou moins importante qu'elle occupe. Exemples : le rouge et le vert, qui sont de luminosité voisine, présentent un rapport équilibré lorsqu'ils sont répartis en surfaces égales. Inversement, la juxtaposition d'un jaune (couleur claire) et d'un violet (couleur foncée) n'apparaît équilibrée que si la surface occupée par le violet est beaucoup plus importante que la surface jaune.

Rapports de proportion : si l'on considère les relations entre jaune/violet, orange/bleu ou rouge/vert, les rapports de proportion qui permettent un équilibre agréable à l'œil peuvent être formulés de la manière suivante :

Rapport idéal : jaune (1/4) + violet (3/4) ;
orangé (1/3) + bleu (2/3) ;
rouge (1/2) + vert (1/2)

L'accord entre les couleurs : harmonie en qualité

Deux tons : ce sont bien souvent des couleurs diamétralement opposées sur le cercle chromatique.
Exemple : jaune/violet

Trois tons : il s'agit le plus souvent de couleurs situées à égale distance sur le cercle chromatique.
Exemple : jaune/rouge/bleu ou orangé/vert/violet

Quatre tons : on choisit quatre couleurs équidistantes sur le cercle chromatique.
Exemple : jaune/violet/rouge orangé/bleu-vert

Les variations

Changement d'intensité : d'une manière générale, le fait d'éclaircir une couleur dans une image modifie l'équilibre de l'ensemble et conduit à foncer la couleur diamétralement opposée sur l'axe chromatique (un jaune très clair appelle un violet foncé).

Variations autour d'une seule couleur : certaines compositions utilisent les variantes d'une seule couleur de base et jouent sur l'impact psychologique de la couleur (dureté d'un bleu, apaisement d'un vert, chatoiement d'un jaune orangé).

Les compositions paradoxales

Il s'agit de rendre intéressantes, par une composition subtile, des associations de couleurs perçues habituellement comme incompatibles par l'œil (exemple : utilisation simultanée d'un grand nombre de couleurs franches).

« Chevauchée pour la fête de mai », du manuscrit *Les Très Riches Heures du duc de Berry*, par Paul de Limbourg, 1410, musée Condé, Chantilly.

Effet d'accord joyeux dû à la multiplicité des couleurs présentes dans le tableau (jaune d'or, vert, rouge, bleu, gris, blanc, noir) et à leur répartition harmonieusement calculée.
Harmonie des complémentaires (exemple : robes vertes des dames, coiffe et habit rouge d'un seigneur).
Effet de calme et d'équilibre en raison de la dominance du vert et du jeu sur les variations de cette couleur. À l'époque où le duc de Berry commanda au meilleur miniaturiste de son temps un « livre d'heures » (livre de prières enrichi d'enluminures), le vert clair était en peinture un pigment d'une rareté coûteuse. D'autre part, il était d'usage pour les jeunes femmes de l'aristocratie de recevoir au mois de mai des habits verts, symbole du renouveau printanier.

Le contraste des couleurs

Le contraste des couleurs permet aux formes et aux volumes de se détacher. Il aide l'œil à percevoir presque immédiatement l'organisation de l'image et permet de la rendre très lisible.

Le contraste clair/obscur

Le contraste maximum est celui d'une couleur blanche associée à une couleur noire. Ces deux valeurs se dissocient parfaitement à l'œil, mais ne constituent pas les seules possibilités d'opposition entre couleurs claires et foncées.

En règle générale, les effets produits par la juxtaposition de teintes peuvent correspondre aux intentions suivantes :

– mettre en relief, détacher et valoriser le sujet principal (clair) placé dans un contexte plus foncé ;

– donner une impression de profondeur à l'image par étalement de plans en opposition (clairs ou foncés).

La technique, appelée précisément «clair-obscur», a été systématiquement explorée par certains peintres (Elsheimer, Vinci, Masaccio, Rembrandt).

Très utilisée en photographie et en cinéma noir et blanc, elle reste une des techniques fondamentales de l'image colorée : l'image, qu'elle soit fixe ou mobile, est circonscrite aux deux dimensions du cadre. Or, c'est l'équilibre et la répartition de zones claires ou foncées qui contribuent à recréer la vision tridimensionnelle de l'œil.

Le contraste chaud/froid

Couleurs chaudes, couleurs froides : on désigne par «couleurs chaudes», les couleurs proches de la couleur rouge (jaune orangé, orange, rouge, rouge-violet) et par «couleurs froides» celles qui sont proches du bleu-vert (jaune-vert, vert, bleu, bleu-violet, violet).

Diverses expériences ont attesté que couleurs chaudes et couleurs froides agissent différemment sur les centres nerveux : excitation, dynamisme, voire agressivité pour les couleurs chaudes ; calme, apaisement, prédisposition à l'immobilité pour les couleurs froides.

Le contraste entre couleurs chaudes et couleurs froides peut également intervenir pour donner une impression de relief et de profondeur à l'image : plus un objet est éloigné, plus il acquiert une couleur froide en raison de la coloration bleutée du voile atmosphérique.

La loi de Chevreul : la perception d'une couleur provoque simultanément dans l'œil humain l'exigence de sa complémentaire.

Cette loi, appelée du nom de son inventeur « loi de Chevreul », peut être attestée par l'expérience suivante, facile à reconstituer :

1. Disposer un petit carré d'un gris neutre au centre d'un grand carré jaune.

2. Fixer la surface grise pendant un laps de temps d'environ 30 secondes.

3. L'observateur constate alors que la surface grise se colore simultanément et prend une dominante d'un bleu-violet (couleur complémentaire du jaune).

L'EXPÉRIENCE DE LA LOI DE CONTRASTE SIMULTANÉ

Notre œil exige spontanément la complémentaire de la couleur que nous fixons.

Dans quatre carrés de couleurs pures, on place chaque fois un petit carré gris neutre. Chacun de ces petits carrés rayonne de la couleur complémentaire à la couleur principale. L'expérience consiste à fixer intensément le carré gris :
– sur fond rouge-orangé, il paraît bleuâtre ;
– sur fond bleu-vert, il tire vers le rouge ;
– sur fond violet, il prend des nuances jaunes ;
– sur fond jaune, il se teinte de violet.

La couleur et la lumière

La perception de la couleur par l'œil et le cerveau humain est un phénomène complexe qui reste en grande partie inexpliqué : ce qui est interprété comme une couleur particulière est provoqué par des rayons lumineux de longueurs d'onde différentes réfléchis par la surface des objets.

La décomposition de la lumière

La lumière solaire blanche peut se décomposer en une gamme colorée allant du rouge au violet. Ce qui est perçu intuitivement à travers l'expérience courante de l'arc-en-ciel peut se vérifier scientifiquement. En 1676, le physicien Newton a décomposé expérimentalement la lumière blanche en lui faisant traverser un prisme. L'expérience a mis en évidence l'existence d'un spectre lumineux composé de couleurs de longueurs d'onde différentes.

Couleurs-lumière primaires et secondaires

Les couleurs-lumière fondamentales (à partir desquelles toutes les autres couleurs peuvent être obtenues) sont le rouge, le vert et le bleu. L'expérience réalisée par le physicien Young peut être couramment vérifiée : si l'on dispose de 3 projecteurs respectivement jaune, vert et bleu et si l'on fait converger leurs faisceaux, on obtient une lumière blanche.

Couleurs-lumière primaires	Couleurs-lumière secondaires
lumière rouge + lumière verte	lumière jaune
lumière bleue + lumière rouge	lumière magenta (rouge orangé)
lumière verte + lumière bleue	lumière cyan (bleu-vert)

La photographie, le cinéma et la télévision font appel à cette opération de mélange des lumières colorées, encore appelée « synthèse additive ».

Exemples d'utilisation :

En télévision, l'image filmée est décomposée par un système de prisme qui renvoie les composantes de la lumière (rouge, vert, bleu) sur des tubes ou capteurs. L'image est ensuite restituée par le téléviseur grâce à l'utilisation des mêmes composantes colorées.

Pour les éclairages en studio, on utilise des projecteurs respectivement bleus, verts et rouges pour construire des ambiances lumineuses variées.

L'EXPÉRIENCE DE LA DÉCOMPOSITION DE LA LUMIÈRE SOLAIRE

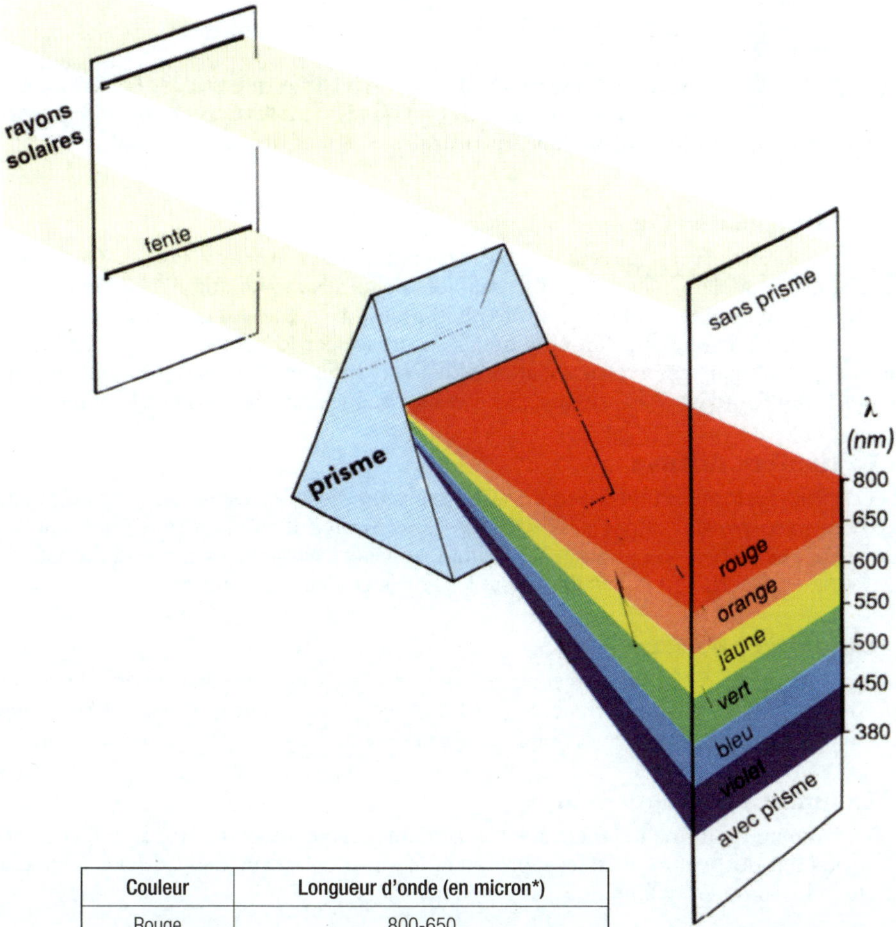

Couleur	Longueur d'onde (en micron*)
Rouge	800-650
Orangé	640-590
Jaune	580-550
Vert	530-490
Bleu	480-460
Indigo	450-440
Violet	430-390

* 1 micron = 1/1 000 mm

La direction de la lumière

Non seulement un objet n'est visible que s'il est éclairé, mais l'éclairage peut adoucir un visage ou un lieu, créer une impression de réalisme ou, au contraire, susciter un effet dramatique.

La lumière directe

Si la source lumineuse est directe, le sujet comporte des zones contrastées. On dit que l'éclairage est «modelant»: les plans et les surfaces de lumière jouent un rôle attractif instantané tandis que les ombres ont un caractère plus répulsif. Le regard est guidé par ces relations et passe du clair au sombre selon un itinéraire construit par le peintre, le photographe ou le cinéaste. Ainsi, par temps clair, le sujet représenté apparaît contrasté: les couleurs sont violentes (saturées) dans les zones éclairées et inexistantes dans les zones d'ombre.

La lumière diffuse

Le ciel est voilé par une brume ou une couche nuageuse, le soleil est réfracté par les gouttelettes d'eau en suspension dans l'air : l'éclairage devient diffus. Il provoque une représentation plus plate de l'objet peint ou photographié: homogénéité, harmonie ou même uniformité des zones colorées. L'éclairage indirect estompe les reliefs et efface les ombres.

La lumière de face

La source lumineuse est face au sujet représenté, c'est-à-dire placée dans le dos du peintre ou derrière l'objectif de prise de vue. Si l'éclairage est surélevé par rapport au sujet, l'objet représenté prend du volume et des ombres apparaissent.

La lumière de trois quarts

La source lumineuse forme un angle avec la ligne imaginaire allant de l'appareil de prise de vue ou de l'œil du peintre au sujet représenté. La mise en valeur des volumes augmente pour atteindre un effet maximum si l'angle est de 45°.

Le contre-jour

La source lumineuse est située derrière le personnage et forme un angle de 140° ou plus avec la ligne imaginaire. On parle dans ce cas de « contre-jour ».
Les zones d'ombre sont considérables, les objets de premier plan sont détachés du fond, comme auréolés. Les surfaces éclairées par une lumière rasante révèlent leur texture (grain de la peau, aspérités d'un mur, relief d'un tissu).

Le contre-jour total

La source lumineuse est située derrière le sujet. Le sujet est détaché du fond, auréolé, comme dans le cas précédent, d'un liseré encore plus net. Il ne comporte aucun détail perceptible (effet de silhouette).

Lumière de face

Lumière de trois quarts

Éclairage de profil

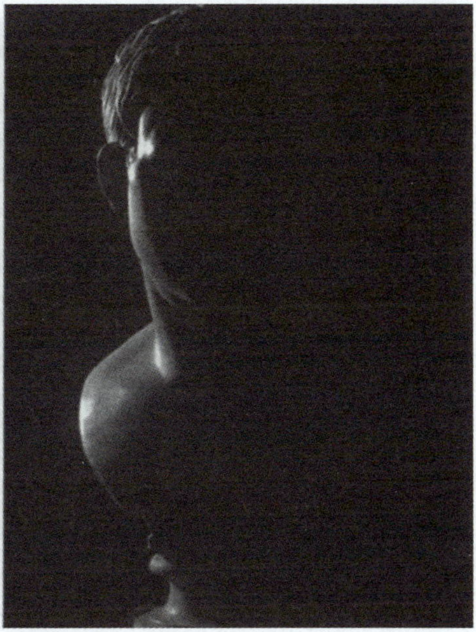

Contre-jour total

L'éclairage

L'éclairage est caractérisé par son intensité, sa dominante colorée (ou qualité) et son angularité (angle formé par le rayon lumineux et le sujet représenté). Il peut résulter d'une ou de plusieurs sources, être naturel, artificiel ou composite.

Type d'éclairage	Utilisation en peinture		Utilisation au cinéma	
	Moyens	Exemple	Moyens	Exemple
Éclairage jour diffus (paysage de neige ou portrait en aplat, sans ombres portées).	Uniformité des tons.	Peintures de Camille Pissarro (*Les Boulevards extérieurs*) ou de Maurice Utrillo (*Le Lapin agile et la rue Saint-Vincent*).	Écrans diffuseurs de lumière devant les sources artificielles.	Éclairage d'un plateau de télévision.
Éclairage jour modelant distinguant nettement les zones d'ombre et de lumière.	Lumière plongeante réfléchie par des tentures et des draperies.	Peintures de Vélasquez (*L'Infante Marguerite*).	Éclairage naturel ou artificiel en position haute.	Films expressionnistes de Carl Dreyer (*La Passion de Jeanne d'Arc*).
Éclairage arbitraire, fantastique (effet antisolaire).	La source lumineuse semble placée sous les personnages.	Peintures de Rembrandt (*Les Disciples d'Emmaüs*).	Projecteurs placés sous le visage des personnages ou sous une estrade où ils se tiennent.	– Films expressionnistes des années 1930. – Éclairages de théâtre.
Éclairage soir (bougie, lampe, flamme d'un feu).	Une bougie ou une lampe en position centrale.	Peintures de La Tour (*Madeleine à la veilleuse, Adoration des bergers*).	Projecteurs en étoile. Groupes de bougies utilisées seules grâce à une pellicule très sensible.	*La Belle et la Bête* de Cocteau. Images H. Alekan. *Barry Lyndon* de Stanley Kubrick. *L'Enfant sauvage* de Truffaut. Images Almendros.
Éclairage nuit composite (étoiles, lampadaires).	Opposition entre tons froids foncés et tons chauds clairs (éclairage violent d'un lampadaire et clarté des étoiles).	Van Gogh (*Le Café, Le Soir*). Magritte (*L'Empire des lumières*).	Éclairage en studio, projecteurs filtrés par des gélatines différentes.	– Noir et blanc : *Quai des Brumes* de M. Carné. Images E. Schuftan. – Couleurs : *La Lune dans le caniveau* de J.-J. Beineix.

Georges de La Tour, *L'Adoration des bergers*, musée du Louvre, Paris.

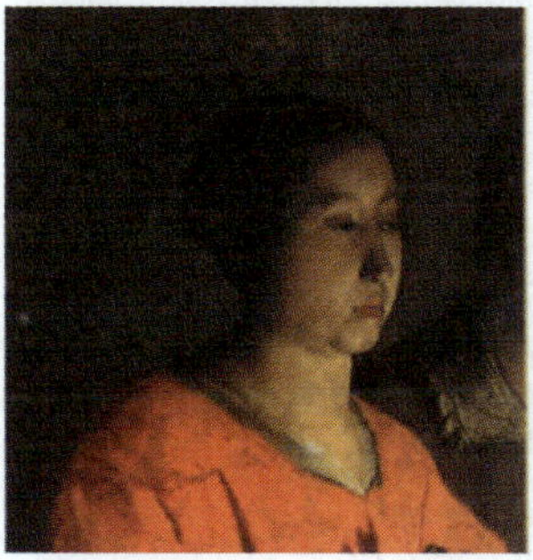

Dans ce tableau, la source lumineuse située en contre-plongée par rapport aux personnages donne immédiatement une impression d'irréalité et crée même un effet fantastique. Seul l'enfant dans son berceau est éclairé selon un angle qui correspond à la lumière du jour.
L'éclairage soir (intérieur avec source lumineuse visible ou non sur l'image) laisse une partie du décor dans l'ombre et éclaire personnages et objets en les hiérarchisant selon la distance qui les sépare de la lumière. Il s'agit d'un éclairage modelant contrasté.

La peinture

La peinture est un art plastique qui a évolué au fur et à mesure des découvertes techniques. Elle a longtemps été un procédé de représentation réaliste du monde extérieur.

Les différents types de peintures

Matériel	Utilisé pour
L'aquarelle La surface à couvrir est humectée, tenue inclinée. On peint par un va-et-vient de gauche à droite et de bas en haut. **Le matériau :** peinture transparente délayée à l'eau, constituée par un pigment finement broyé, lié avec de la gomme. **Le support :** le papier lisse, à grains ou brut. **Les outils :** couleurs en tubes (pâteuses), en flacons (liquides). Les pinceaux : souples, pointes fines, effilés ou plats. Éponge, rouleau, brosse ; palette à alvéoles.	Permet les lavis, les dessins légers, les effets de contraste et l'effet moucheté, les aplats, la notation rapide des couleurs et des valeurs. Les thèmes : le paysage, les marines. Artiste représentatif : William Turner (1775-1851).
La gouache La pâte épaisse est travaillée comme la peinture à l'huile. La pâte diluée s'applique comme l'aquarelle. **Le matériau :** peinture à l'eau usant de couleurs opaques. **Les supports :** papier, bois, toile tendue et collée. **Les outils :** couleurs en tubes, en flacons ; pinceaux, brosses souples ou en soie de porc (plus raides) ; palette.	Permet d'expérimenter divers procédés : pleine pâte, lavage, grattage. Facilite le travail des fonds et les effets de matière, ainsi que les aplats de couleurs uniformes et opaques. Artiste représentatif : François Boucher (1703-1770).
La peinture à l'huile Les pratiques sont multiples : par petites touches, en pleine pâte, en peinture maigre ou en frottis. **Le matériau :** couleurs broyées et agglutinées avec de l'huile de lin. **Les supports :** toile tendue sur un châssis ou n'importe quel support préalablement recouvert d'un enduit (carton, contre-plaqué…). **Les outils :** pinceaux, brosses, couteaux ; palette.	Permet tout type de représentation et favorise l'aspect réaliste. Autorise des effets de luminosité. Artiste représentatif : Léonard de Vinci (1452-1519).

1. La préparation de la toile

Elle est tendue sur un cadre de bois et soigneusement préparée. Le peintre applique sur toute sa surface un enduit composé d'un mélange de colle, d'œuf et de chaux. Ceci facilite l'adhésion des couleurs et conserve la couche de peinture.

2. Le dessin préparatoire

Au crayon ou à la peinture diluée à la térébenthine, le peintre dessine les contours et les traits principaux de la composition ; puis il met en place les principales couleurs du tableau avec une peinture très diluée.
Les formes sont ébauchées.

3. Le travail de la couleur

Le peintre pose en même temps sur la toile les touches de couleurs semblables qui se retrouvent en d'autres endroits. Il applique les couleurs sombres et translucides avant les teintes claires opaques. Il peut poser la couleur de différentes façons :

– les empâtements : applications de peinture épaisse à la brosse ou au couteau. Ils produisent des effets de relief ;

– la peinture par petites touches : le peintre applique la couleur avec des pinceaux fins sur de petites surfaces.

4. La protection du tableau

Il faut attendre 9 à 12 mois pour que la peinture sèche complètement. On peut alors vernir la surface de la toile pour protéger le tableau de l'humidité et de la poussière et préserver l'éclat des couleurs. On applique le vernis avec une brosse plate en une couche mince en allant de haut en bas puis de droite à gauche.

Le portrait

Représentation « réaliste » d'un individu en buste ou en pied, immobile ou animé, sur fond neutre, dans un intérieur ou dans un paysage, le portrait peut aussi exposer au grand jour la psychologie du personnage. L'autoportrait est une peinture de l'artiste par lui-même.

Les différents types de portraits

Le portrait classique	Recherche du réalisme ; mettre l'accent sur le caractère du modèle, sur la description minutieuse d'un individu. Peintre représentatif : David (1748-1825), *Madame Récamier.*	**Caractéristiques :** dessins précis ; les silhouettes ont un contour net, le portrait se profile sur un fond qui ne mobilise pas l'attention.
Le portrait romantique	Mettre l'accent sur une atmosphère générale en accord avec le naturel du personnage. Peintre représentatif : Delacroix (1798-1863), Chopin.	**Caractéristiques :** montrer l'individu isolé sur fond neutre ou dans un paysage en accord avec son état d'âme (ciels orageux et tourmentés, fonds légers et aériens).
Le portrait expressionniste	Cherche à rendre visible la personnalité et les émotions du modèle, sa psychologie intime. Peintre représentatif : Egon Schiele (1890-1918), *Portrait de Karl Zakovsek.*	**Caractéristiques :** simplification de la forme, utilisation des contrastes de couleur pure ; privilégier la représentation du sujet. Suggérer la psychologie du sujet au moyen du visage et des mains.
L'autoportrait	Portrait de l'artiste par lui-même, autobiographique (se représenter dans sa qualité de peintre) ou reflet fidèle de ses états d'âme. Peintre représentatif : Vincent Van Gogh (1853-1890), *Autoportrait à l'oreille coupée.*	**Caractéristiques :** représenté de face ou de demi-profil ; le regard est dirigé vers le spectateur.

Le personnage est cadré à mi-corps.
Il est situé au premier plan, présenté au milieu d'objets qu'il apprécie.

La touche met en valeur la rudesse du personnage.

Vincent Van Gogh, *Le Portrait du père Tanguy*, 1887.

Le décor est constitué d'estampes japonaises.

Le paysage

Le paysage est une interprétation de l'espace qui suppose un certain nombre de choix : regroupements significatifs d'éléments (arbres, monuments, mer, montagne), orientation de l'angle de vue, reproduction d'effets atmosphériques.

La technique

Plans et perspectives : trois moyens permettent, en suggérant le relief, de créer une impression de réalité. Ce sont l'étagement des plans, l'utilisation de couleurs allant du plus foncé au plus clair et l'application des lois de la perspective.

La touche de peinture : si elle est très fine, elle renforce l'illusion du réel. Des touches séparées suggèrent la qualité de la lumière plus que l'objet lui-même.

La **séparation des motifs** assure la lisibilité de l'image et contribue à l'harmonie générale. La distinction peut être assurée par la juxtaposition de motifs clairs et de motifs foncés ou par l'opposition de couleurs entre motifs voisins.

Les différents types de paysages

Le paysage classique	Recherche de l'harmonie et de l'équilibre. Inspiration antique. Peintre représentatif : Claude Gelée, dit Le Lorrain (1600-1682). Exemple : *Vue d'un port avec le Capitole* (1637, musée du Louvre, Paris).	**Caractéristiques :** étagement des plans. Paysages construits selon les lois de la perspective et donnant l'illusion du réel malgré le caractère imaginaire des compositions (exemple : monuments antiques encadrant des personnages en costume du XVIIe siècle).
Le paysage impressionniste	Peinture effectuée en plein air. Tentative de traduction de la lumière considérée comme plus importante que le sujet. Peintre représentatif : Claude Monet (1840-1926). Exemple : *Impression, soleil levant* (1872, musée Marmottan Monet, Paris).	**Caractéristiques :** refus de tons intermédiaires (brun, gris, noir) dont la nature n'offre pas d'exemple. Utilisation de couleurs pures. Juxtaposition de ces couleurs par touches fragmentées selon la loi des complémentaires. Changement fréquent de l'angle de vision.
Le paysage expressionniste	Défi aux règles esthétiques. Expression souvent douloureuse de l'individu non réaliste. Peintres représentatifs : Van Gogh, Munch.	**Caractéristiques :** utilisation de couleurs. Dessin tourmenté. Violence et épaisseur de la touche de peinture.
Le paysage cubiste	Construction très organisée.	**Caractéristiques :** décomposition de l'espace en formes géométriques.

Composition forte malgré une prédominance accordée à la lumière (astre solaire placé sur la ligne verticale, passant par le nombre d'or).

Couleurs : relation de couleurs froides de tonalités différentes et de couleurs chaudes. Les nuances froides, bleutées dominent (brumes de l'aube).

Claude Monet, *Impression, soleil levant*, 1872, musée Marmottan Monet, Paris.

Utilisation de la touche de peinture : touches fragmentées de couleurs pures donnant, par leur juxtaposition, une impression de miroitement et un effet de mélange optique.

Thème : importance accordée à l'eau et à la lumière.

Présentée par Monet à la première exposition qu'il organisa chez Nadar, cette toile inspira au journaliste Leroy l'adjectif d'« impressionniste ». Ce terme, qui se voulait ironique, devint le nom d'un grand mouvement de la peinture.

TECHNIQUES
PEINTURE
DESSIN
PHOTO
ARTS GRAPHIQUES
CINÉMA-VIDÉO

La scène de genre

Depuis le XVIIIe siècle, on désigne sous l'appellation « peinture de genre » les tableaux qui représentent les travaux, les occupations et les distractions de l'homme.

Les caractéristiques

L'absence de héros : le peintre prend pour modèles des personnages vivants, mais le but de sa peinture n'est pas de représenter des moments de leur histoire personnelle dont ils seraient les héros. Ils sont simplement des types, des figurants interchangeables pris dans une activité courante.

La représentation de la vie quotidienne : les actions peintes n'ont aucun caractère exceptionnel. C'est la vie de tous les jours, des incidents insignifiants.

L'évolution

Jusqu'au XVIe siècle	Dans une première époque, la peinture de genre représente des scènes de l'histoire religieuse. Puis elle laisse la place aux scènes de la vie rustique, aux fêtes.	Bruegel, *Le Portement de croix*, 1564. Bruegel, *Danse des paysans* et *Repas de noces*, 1568.
XVIIe siècle	Le genre prend son autonomie et va vers un réalisme dur. Les thèmes : la diseuse de bonne aventure, les parties de cartes, la musique, les fêtes paysannes, la joyeuse compagnie, les scènes d'intimité.	Caravage, *La Diseuse de bonne aventure*, 1594. Caravage, *La Vocation de saint Mathieu*, 1601. J. Steen, *Joyeuse Compagnie*, 1670. Vermeer, *La Laitière*, 1660, *La Lettre*, 1667.
XVIIIe siècle	Vision bourgeoise du monde en intérieurs clos. Fêtes à l'air libre, scènes légères de la comédie amoureuse. Peinture moralisatrice.	Chardin, *L'Enfant au toton*, 1738. Watteau, *L'Embarquement pour Cythère*, 1717. Greuze, *Le Fils puni*, 1765.
XIXe siècle	Mutation importante dans la peinture de genre. C'est le genre qui triomphe. Représentation du présent dans la vie sociale, les travaux des ouvriers, les mœurs, les spectacles contemporains.	Millet, *L'Angélus*, 1850. Courbet, *Les Casseurs de pierres*, 1849. Manet, *Déjeuner sur l'herbe* et *L'Olympia*, 1863.
XXe siècle	Peinture des mœurs, de la vie nocturne (de Montparnasse).	Toulouse-Lautrec, Picasso.

Chardin, *La Pourvoyeuse*, 1739, musée du Louvre, Paris.

Chardin peint une scène d'intérieur, un univers clos. L'extérieur n'apparaît que par le petit triangle de ciel bleu au-dessus de la porte, au troisième plan. L'absence de héros est marquée par la qualité du personnage principal. Il s'agit d'une servante qui approvisionne la maisonnée.
La vie quotidienne est le sujet même du tableau. On représente une action qui se répète régulièrement.
Ce tableau est un témoignage sur une époque. Le décor qui nous est présenté nous invite à voir la manière dont vivaient les gens de ce milieu. Les objets témoignent de la richesse de la maisonnée.

La nature morte

La nature morte se caractérise par l'exclusion de tout être vivant de la surface de la toile. Ne figurent que des choses immobiles dont l'agencement a été organisé par l'artiste.

Un genre codifié

La nature morte exclut l'être vivant, le sujet pensant : elle ne peut représenter ni le mouvement ni le sentiment. Elle élimine toute référence au temps des actions humaines.

La nature morte renvoie à un langage codé : elle présente des objets, des éléments dont on ignore le passé et qui n'ont pas d'avenir. Ils semblent suspendus dans le temps, figés pour l'éternité.

Les cinq sens : les objets ou les éléments qui les évoquent renvoient aux principales préoccupations de l'homme. Ainsi, un verre à demi plein ou renversé signalera, outre l'évocation du goût, la précarité de l'existence.

Le temps : les montres et les horloges, mais aussi le sang plus ou moins caillé sur un gibier, traduisent la fuite du temps, le caractère fini de l'existence humaine.

Les symboles religieux ou bibliques : la pomme est un rappel de la faute d'Adam, la poire évoque la venue du Sauveur ; la vigne, la résurrection ; la rose rouge, le martyre ; la rose blanche, la pureté. Un bouquet qui comporterait chacun de ces fruits et ces fleurs évoquerait une scène religieuse.

Des thèmes imposés

L'animal mort : les dépouilles de gibiers et de poissons sont les motifs principaux. L'immobilité animale est le résultat d'une action. Le décor dans lequel figurent les animaux rappelle la présence de l'homme.

Les fleurs et les fruits : les fleurs et les fruits représentés, souvent d'après des croquis d'étude, ne sont pas des compositions florales copiées. Souvent, figurent ensemble des fleurs ou des fruits dont la maturité n'est pas simultanée.

Les objets fabriqués : ils donnent une image indirecte de l'homme, constructeur ou utilisateur. Ces objets évoquent les moments qui rythment l'existence quotidienne. Ils renvoient aux cinq sens : un miroir pour la vue, un violon pour l'ouïe…

Les vanités : ces peintures évoquent la vanité, le caractère éphémère de la vie. La mort de l'homme y est généralement présentée sous la forme d'un crâne. Il est associé à différents objets évoquant l'existence humaine :

– instruments ou objets qui symbolisent l'existence de l'homme : pipe, cartes, viole…
– objets faisant allusion au caractère éphémère de l'existence : bulles, bougies, lampes…
– symboles de résurrection (parfois) : épis de blé, branche de laurier…

Le crâne : renversé sur le côté droit, il donne l'impression d'un homme auquel on a tordu le cou. L'angle de vision laisse à penser qu'il va tomber.

La chandelle éteinte et le sablier : le temps s'est arrêté dans la mort.

S. Renard de Saint-André, *Vanité*, musée des Beaux-Arts, Marseille.

Les feuilles de laurier, les coquillages : symboles de résurrection, ils laissent espérer un avenir plus radieux.

La viole et l'archet : silencieux et immobiles, c'est l'arrêt des plaisirs de l'ouïe. C'est la fin de la création.

Cette nature morte a pour thème essentiel la vanité d'une existence qui s'attache aux biens et aux plaisirs de ce monde, alors que le temps la détruit inexorablement.
L'impression de déséquilibre dans lequel se trouvent placés le crâne, la viole, le livret de musique et l'archet vient renforcer l'idée de précarité de la condition de l'homme.

Le trompe-l'œil

Le trompe-l'œil est une manière de peindre qui cherche à donner l'impression de la réalité. Il s'applique notamment à faire oublier l'existence des murs et des plafonds.

Les règles du trompe-l'œil

Abaisser la perspective

Le spectateur est placé sous l'image (lorsqu'il s'agit d'un mur). Il a l'impression en regardant vers le haut que, par une illusion d'optique, l'horizon dessiné sur l'image est trop loin. Le peintre corrige cette illusion en abaissant la ligne d'horizon dans son dessin.

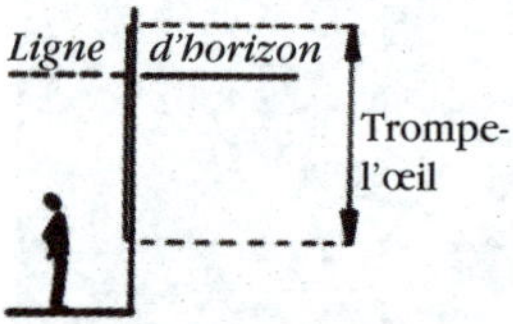

Le spectateur lève la tête, il a l'impression que la ligne d'horizon du dessin est mal placée.

Pour corriger cette illusion, le peintre doit abaisser la ligne d'horizon.

Le spectateur placé au bas du mur ne ressent plus la déformation de l'image.

L'emploi de la perspective verticale dans le mur peint

Le spectateur est placé à la perpendiculaire d'un plafond vers lequel il tient les yeux levés. Il a l'impression, si les objets et personnages sont peints parallèlement à la surface du plafond, que la scène est trop plate et manque de réalisme. Le peintre peut y remédier en représentant les choses et les personnes en raccourci : les lignes de fuite (c'est-à-dire les lignes imaginaires passant par les sujets d'une image et se rejoignant en un point) sont très courtes et convergent rapidement. Le peintre donne ainsi l'illusion de la profondeur.

Les artifices de la mise en scène

Les sorties du cadre: l'illusion de la vie est donnée en faisant empiéter la main ou le pied d'un personnage sur un cadre simulé. L'imitation : le peintre utilise des procédés qui permettent de donner à la peinture le même aspect et la même consistance que l'objet réel. Ainsi, il peut représenter une gravure encadrée sous un verre dont une fêlure atteste l'existence.

La place du spectateur

Si la peinture murale est conçue à partir d'un point de vision précis, il faut que le spectateur se place à cet endroit sous peine de voir l'image déformée.

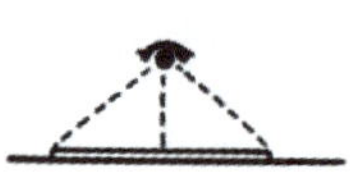

À un point de vue central : il faut se placer au centre et ne pas se déplacer. En effet, si le spectateur change d'endroit, la peinture, qui a été conçue pour être vue d'un endroit précis, lui paraîtra déformée.

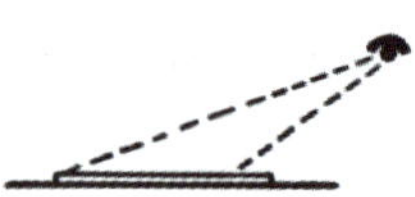

À un point de vue oblique : il faut regarder obliquement le trompe-l'œil dont la représentation a été conçue à partir de ce point de vue. Si le spectateur se déplace au centre, il verra l'image déformée.

Le mur des canuts est la plus grande fresque d'Europe (1 200 m²). Elle a été réalisée en 1987, et « réactualisée » en 1997 et 2013, à Lyon dans le quartier de la Croix-Rousse. Les canuts, ouvriers tisserands de la soie au XIXe siècle, habitaient la Croix Rousse. En observant le trompe-l'œil, on découvre ainsi de hautes fenêtres caractéristiques de l'habitat canut, et différents éléments propres à l'activité soyeuse : bobines de soie, métiers à tisser, travail de la soie, etc.

La peinture non figurative

La peinture non figurative n'a pas vocation à figurer les éléments du monde extérieur, mais à créer des objets. Le graphisme et les couleurs sont utilisés pour leur valeur plastique et non pour évoquer l'apparence extérieure des choses.

Le suprématisme

Il utilise l'abstraction géométrique et privilégie le carré, le rectangle, le cercle. Il cherche à élever la peinture à une expression parfaite en analysant précisément le rapport entre la forme représentée et l'espace qui l'entoure.

Peintre représentatif : Kasimir Malevitch (1878-1935), *Carré blanc sur fond blanc* (1918).

Le néoplasticisme

Il cherche la pureté plastique dans l'abstraction géométrique. À cette fin, il élimine la ligne courbe et l'illusion de la profondeur. Il combine la forme, le fond et la couleur pour donner naissance à un effet de rythme soutenu par les différences entre les couleurs.

Peintre représentatif : Piet Mondrian (1872-1944), *Composition avec lignes jaunes* (1933).

Le cinétisme

Il cherche à suggérer des effets optiques (impression de mouvement, par exemple) à partir de compositions géométriques jouant de l'opposition de couleurs. Il utilise les effets optiques que peuvent créer chez un spectateur les surfaces rayées, ponctuées ou disposées en damiers. Il accentue ces effets de mouvement par l'emploi de contrastes de couleurs chaudes et froides.

Peintre représentatif : Vasarely (1908-1997), *Izzo 22* (1969).

L'abstraction informelle

Elle fait confiance au hasard plus qu'à la volonté de construction. Elle ne semble marquée d'aucun souci des rapports mutuels entre les traits et les taches. Elle combine des couleurs élémentaires (bleu, jaune, vert, noir…) et des formes rudimentaires analogues aux dessins d'enfants.

Peintres représentatifs : Miró (1893-1983), *Intérieurs hollandais* (1928). Paul Klee (1879-1940), *Départ des bateaux* (1927).

Le tachisme et la peinture d'action

Ils cherchent avant tout l'expression immédiate et totale de ce que l'artiste porte de plus profond en lui. Les artistes répondant à la simple intuition ou à l'instinct couvrent les tableaux de taches de couleur ou de lignes. Ils utilisent différents procédés :
– la projection de couleurs sur le tableau posé à même le sol ;
– l'emploi de couleurs industrielles coulant directement de la boîte sur la toile.

Le tableau se compose ainsi de traînées de couleur, superposées en tous sens, obtenues en se déplaçant autour de la toile, la boîte de couleur à la main.

Peintre représentatif : Jackson Pollock (1912-1956), *One* (1950).

Kasimir Malevitch

Piet Mondrian,
New York, New York City,
1940.

Joan Miró, *Le Bel Oiseau révèle l'inconnu à un couple d'amoureux*,
1941.

Jackson Pollock,
Lavender Mist : Number 1, 1950.

L'illustration

L'illustration est un des plus anciens procédés de communication par l'image, qui a évolué au fur et à mesure de nouveaux apports techniques. Cet ensemble de techniques offre de multiples possibilités d'expression.

La plume et l'encre

Support : le papier. Outils : porte-plume, stylo à plume, papier assez fort (plus de 160 g/m^2). Un dessin préalable au crayon tendre est repassé à l'encre.
Artistes représentatifs : Hogarth (1697-1764), G. Doré (1832-1883).

Le crayon

Matériau : graphite depuis le XVIIe siècle (l'ancêtre est la mine de plomb).
L'aspect des traits varie en fonction de la dureté de la mine ; les hachures, les lignes épaisses ou fines traduisent les différentes valeurs.
Artiste représentatif : Caran d'Ache (1859-1909).

La gravure sur bois ou taille d'épargne

Support : planche de bois. Outils : gouge, canif.
Le dessin est fait directement sur le bois, l'entourage est creusé, on encre ensuite avec un rouleau, puis on imprime avec une presse.
Artistes représentatifs : L. Cranach (1472-1553), H. Holbein (1497-1543).

La taille-douce ou gravure sur cuivre

Support : plaque de métal. Outils : burin ou pointe quelconque.
Le dessin est réalisé au burin et à la pointe sèche.
On creuse le dessin fait sur la planche ou la plaque de métal. On encre chaque sillon gravé, chaque trait du dessin.
Artistes représentatifs : A. Dürer (1471-1528), M.-A. Raimondi (1480-1534).

L'eau-forte

Support : plaque de métal. Outils : pointe, acide dilué.
La plaque est recouverte de vernis. On dessine sur ce vernis avec une pointe, on plonge la plaque dans un bain d'acide dilué qui attaque et creuse les parties dessinées. La plaque est ensuite encrée.
Artistes représentatifs : Rembrandt (1609-1669), H. Daumier (1808-1879).

La lithographie

Support : pierre de calcaire finement grainée. Outils : crayon gras ou encre grasse.
On dessine sur la pierre avec une encre grasse. On humidifie ensuite la pierre avec un acide qui attaque les parties non encrées.
Artiste représentatif : Toulouse-Lautrec (1864-1901).

E.-L. Kirchner, *Couple*.

Gravure sur bois

L'épaisseur des traits est supérieure aux autres techniques. Les aplats sont larges, réguliers de teinte, sans trace d'un travail de l'outil qui ne peut se voir puisqu'il travaille les vides (donc ce qui n'a pas été imprimé).

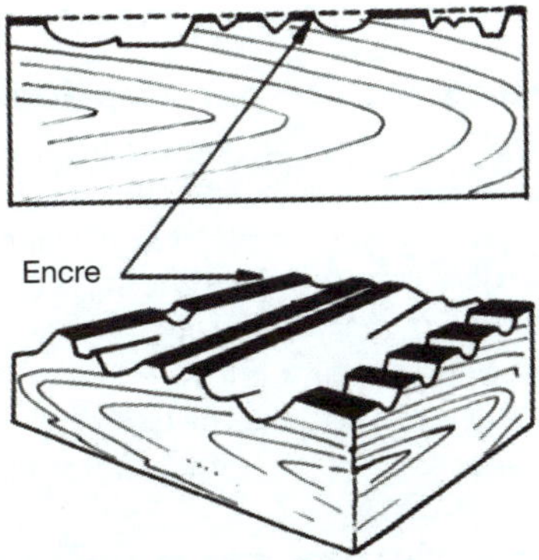

Goya, *Mucho hay que chupar* (1799).

Gravure en taille douce

Largeur constante dans le trait, impression de spontanéité, de « naturel » dans le dessin, souvent liée à la légèreté de touche et à la rapidité d'exécution. La morsure inégale de l'acide donne par ailleurs aux lignes une arête adoucie qui contribue à prêter une grande vibration à l'image.

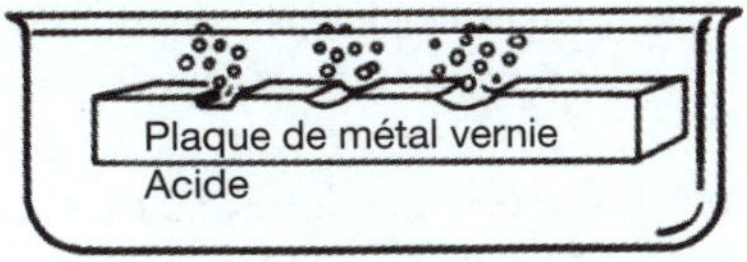

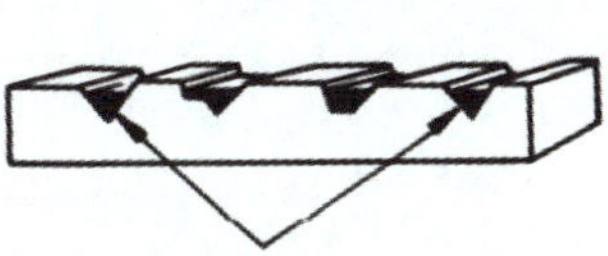

La caricature

Destinée à provoquer le sourire ou le rire, la caricature peut être féroce. L'exagération du trait rend ce dernier révélateur du caractère de celui qui est dessiné.

La caricature par amplification

Le dessinateur copie fidèlement tout ce qui est normal dans le visage ou la silhouette. En revanche, il accentue fortement tout ce qui sort de l'ordinaire. Il allonge ce qui est déjà trop long, réduit ce qui est trop mince, épanouit ce qui est trop large.

La caricature par amplification est surtout employée dans le dessin d'actualité. Il faut que le lecteur reconnaisse aisément les personnages mis en scène.

Jean-Paul Sartre

La caricature par simplification

Le dessinateur ne retient de la silhouette ou du portrait du personnage que les traits distinctifs. Ce peut être la moustache, un chapeau melon et une canne pour évoquer Charlot. Le dessinateur écarte tous les détails inutiles, tous ceux qui ne sont pas caractéristiques du modèle.

La caricature par simplification est employée lorsque le personnage est très connu, que tous les lecteurs peuvent l'identifier à partir de quelques détails. Elle accompagne souvent un article qui parle de la personne caricaturée.

Edmond Rostand

La caricature zoomorphique

Le caricaturiste utilise les défauts ou les qualités attribués aux animaux pour rendre compte du caractère ou du comportement de ses modèles. Le lion est un roi, le singe est malin, l'âne têtu.

Le caricaturiste déforme le visage de ses personnages en outrant certains traits pour accroître la ressemblance avec l'animal.

La caricature zoomorphique est utilisée lorsque l'on souhaite donner une information ou porter un jugement sur un personnage.

Grandville, *Un Banquier* (XIXe siècle).

Grand spécialiste du genre zoomorphique, Grandville a illustré des fables, des contes et a dessiné ses contemporains. De son vrai nom Jean-Ignace-Isidore Gérard, il naît en 1803. Artiste, il travaille pour la revue *La Caricature* et fournit régulièrement des dessins pour la rubrique « Les Dimanches d'un bon bourgeois ». Toutefois ses caricatures du roi Louis-Philippe se heurtent à la censure qui soumet tout dessin de presse à autorisation préalable.

Le dessin d'actualité

Le dessin d'actualité présente avec un minimum de mots et de traits une situation que l'on développe dans un article. Il provoque le sourire du lecteur, même lorsque le sujet est tragique.

Les rôles du dessin d'actualité

Accrocher : le dessin d'actualité, dans la page d'un quotidien, souvent à la une, a pour rôle essentiel d'accrocher l'attention du lecteur. Il vient rompre l'harmonie de la surface de la page.

Aérer : par le fond blanc sur lequel l'image est dessinée, le dessin d'actualité laisse une impression de mise en relief. L'unité grise de texte est rompue. La lecture est facilitée.

Répéter : le dessin d'actualité redit d'une autre manière une information qui est développée dans le corps d'un article ou dans un commentaire.

Les techniques

Le dessin au trait : sans modelé ou presque, c'est le plus couramment utilisé pour le dessin d'actualité. L'encrage du dessin au trait pur s'exécute à la plume ou au pinceau à partir d'un dessin au crayon.

Le dessin modelé au trait : lorsque le dessinateur veut donner une plus ou moins forte impression de relief à son dessin, il recourt au modelé. Un jeu de traits parallèles ou croisés, ou de semi-pointillés vient modeler le dessin pour donner du relief ou mettre en valeur un personnage.

Les procédés

Pour provoquer le sourire du lecteur, le dessinateur dispose de procédés reconnus.

La caricature : la déformation outrée de certains traits d'un personnage connu permet son identification immédiate. Par ailleurs, elle informe également sur le trait de caractère que l'on veut mettre en évidence. (Voir page 50.)

Le paradoxe : ce procédé consiste à présenter une situation qui va à l'encontre de la manière de penser habituelle. C'est une façon de faire réagir en heurtant la raison ou la logique. Par exemple, devant un personnage qui se noie, un agent d'assurance propose un stylo pour signer un contrat d'assurance vie.

La provocation : c'est le choix d'un sujet ou d'un thème que l'on hésite à présenter habituellement (par exemple, le sexe, le sacré, la mort), afin d'inciter le lecteur à une réaction violente.

La répétition : le comique naît de la répétition d'une même situation qui se modifie peu à peu. Cette répétition peut apparaître sur le même dessin ou se poursuivre sur différents numéros d'un journal.

L'ironie : ce procédé consiste à donner pour vraie une interprétation manifestement fausse d'une situation. Le lecteur doit se rendre compte de cette contre-vérité (par l'exagération dans le dessin). Il comprend alors que celui qui partage le point de vue évoqué par le dessin manifeste de la mauvaise foi ou de la bêtise.

Les **militaires** sont représentés selon la technique du dessin modelé au trait. Cela accentue l'impression de puissance.

Ce dessin d'actualité anime la double page du journal. La manifestation débute sur la page de gauche et se poursuit sur celle de droite. Cela crée une dynamique qui favorise la lecture.
Le blanc qui encadre le dessin aère une double page très dense et facilite l'entrée dans le texte.
Ce dessin repose sur le procédé du paradoxe. Ce sont les militaires, puissamment armés et imposants, qui sont effrayés par les manifestants.

La BD : le récit dessiné

Une bande dessinée raconte une action dont le déroulement s'effectue par bonds successifs d'une image à l'autre sans que s'interrompe la continuité du récit.

L'histoire à raconter

La mise au point de l'histoire : c'est le scénariste qui l'écrit. Le scénario tient en quelques pages. Il présente l'intrigue, l'histoire du personnage principal.

Le découpage de l'histoire : c'est le scénariste qui l'établit. Il donne, vignette par vignette et page par page, toutes les indications qui vont aider le dessinateur à construire la BD.

Les textes des bulles : ils sont donnés par le scénariste. Le dessinateur doit, selon le nombre de lettres, évaluer la place nécessaire dans le dessin.

La vignette

C'est le cadre dans lequel sont représentés les temps forts de l'action. À l'origine, les cadres étaient tous de même taille. Aujourd'hui, le récit joue sur les variations de leur format.

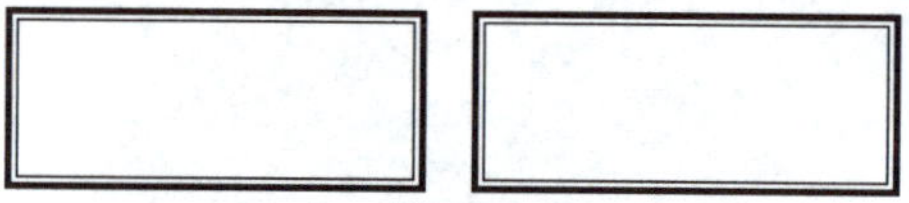

Le récit est lent.

Le récit s'accélère.

Entre les vignettes : une ellipse; la BD ne représente que des instants de l'histoire. L'art du dessinateur consiste à faire en sorte que le lecteur comprenne ce qui se passe entre deux vignettes. À cette fin, il utilise: les bulles, les encarts (*Dix jours plus tard...*), les indices chronologiques (le soleil se lève dans une vignette, il se couche dans la suivante).

La page ou planche

Elle constitue l'unité narrative de base. Cette page s'organise généralement en trois séquences : la séquence de fermeture, qui est la conclusion de l'action développée à la page précédente; la séquence de transition; la séquence d'ouverture, qui engage une nouvelle phase de l'action qui sera développée à la page suivante.

L'organisation de la mise en page : les images dans la planche forment une suite logique aux yeux du lecteur. Il y a de nombreuses possibilités de mise en page.

La disposition en bandes permet une lecture régulière de gauche à droite et de haut en bas.

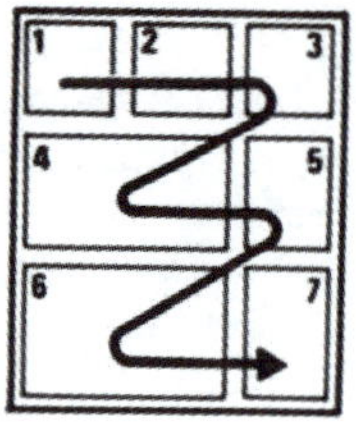

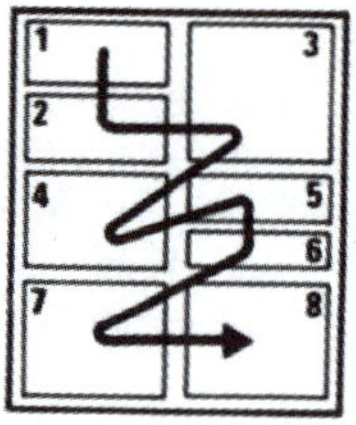

La variation de la taille des vignettes modifie la lecture, qui ne se fait plus d'une ligne à l'autre mais d'une image à l'autre.

LA COMPOSITION D'UNE PLANCHE

Hugo Pratt, *Les Éthiopiques*, 1978, Éd. Casterman.

C'est la succession des vignettes qui donne au récit son caractère dramatique. La planche se divise ici en deux parties égales. Dans les quatre premières vignettes, le héros est aux prises avec un adversaire qu'il met hors de combat. L'action est conduite logiquement d'une vignette à l'autre. Il y a, par exemple une continuité entre les vignettes 2 et 3 (le début de la prise et son résultat). Dans les quatre dernières vignettes, par contre, l'action est plus morcelée. Dans l'image n° 5, c'est l'étagement des personnages sur trois plans qui annonce la suite des événements. Puis, dans les vignettes 6 et 7, interviennent simultanément le tireur et la cible.

La BD : le style des dessins

Suivant l'histoire à raconter, mais le plus souvent en fonction de son propre style, le dessinateur peut choisir de dessiner d'une façon ou d'une autre.

Le dessin au trait pur

C'est un dessin pur, sans modelé ni aplats noirs importants. Le trait dessine la silhouette des personnages, l'aspect extérieur. On le rencontre surtout dans la BD comique. Pas d'atmosphère, peu de détails pittoresques. Le dessin est volontairement simplifié. Ce qui compte, c'est la « chute », le gag.

Dessinateurs représentatifs : Schulz, *Peanuts* ; Reiser, *Vive les femmes* ; Bretécher, *Les Frustrés* ; Schuiten, *Les Mers perdues* ; Pétillon, *Le Baron noir.*

Le dessin au trait avec aplats

Le dessin au trait reste dominant, mais on lui ajoute des aplats noirs importants, sans teinte intermédiaire. On joue sur des compositions de noirs et de blancs pour mettre le sujet en valeur. L'aplat dramatise l'image.

Dessinateurs représentatifs : Comès, *Silence* ; Chabouté, *Vents d'Ouest* ; H. Pratt, *Sous le signe du Capricorne.*

Le dessin réaliste

Le dessin au trait existe encore dans certaines parties de l'image, mais il se fond dans des aplats noirs nombreux et traités par petites touches. On cherche à donner du relief à l'image en mettant en valeur les zones d'ombre et de lumière. Cette technique convient pour des sujets policiers, le roman noir, le fantastique.

Dessinateurs représentatifs : Francq, *Largo Winch* ; Gir, *Lieutenant Blueberry* ; Gillon, *Les Naufragés du temps* ; Graton, *Michel Vaillant* ; Prentice, *Rip Kirby* ; Rosinsky, *Thorgal* ; Vance, *XIII.*

Le dessin tramé

Les aplats noirs disparaissent au profit d'une large gamme de demi-teintes. Elles sont réalisées par des traits parallèles ou croisés plus ou moins rapprochés. C'est une technique adaptée aux sujets réalistes pour créer une atmosphère plus ou moins irréelle, impressionniste.

On peut utiliser une trame pointillée lorsque la reproduction sera uniquement en noir et blanc. C'est le cas des bandes des quotidiens.

Dessinateurs représentatifs : Bilal, *Exterminateur 17* ; Moebius, *Le Garage hermétique* ; A. Raymond, *Flash Gordon.*

Bob de Moor, *L'Invincible Armada*, Éd. Casterman.

Étape 1 : le scénario

Le scénario peut se présenter sous deux formes : scénario écrit ou scénario dessiné lorsque l'auteur sait également dessiner. C'était le cas de Hergé.

Étape 2 : les dessins préparatoires

Sur une feuille à dessin de format 53 x 34, le dessinateur trace les cadres après avoir réalisé des croquis préparatoires sur des feuilles volantes. Il trace les portées dans lesquelles s'inscriront les textes, puis réalise les dessins au crayon.

Étape 3 : l'encrage

Le dessinateur, ou l'encreur, utilise de l'encre de Chine pour mettre au net les dessins. Il emploie un rapidographe, une plume ou un pinceau. L'encrage a pour but de finir le dessin et de faire ressortir les couleurs par la suite.

Étape 4 : la mise en couleurs

La réalisation d'une bande dessinée est un long travail d'équipe. De nombreux intervenants peuvent concourir à sa réalisation. On ne connaît généralement que les noms du scénariste et du dessinateur.

La BD : les procédés graphiques

La bande dessinée a élaboré un certain nombre de procédés qui donnent vie à ses images. Elle parvient ainsi à traduire le mouvement, les bruits et les sentiments.

L'effet Marey, les sillages et les hachures

L'effet Marey : Jules Marey fut le premier à photographier les phases successives d'un mouvement. L'effet Marey sert à montrer une transformation ou un mouvement très rapide. Certaines parties du corps sont démultipliées.

Les **sillages** ou les **hachures** servent à représenter les mouvements dans l'espace. On comprend alors que l'objet ou le personnage ne sont pas immobiles.

Le **flou** est efficace pour représenter une très grande vitesse.

Les pictogrammes

La tendresse

L'optimisme

Le sommeil

Une idée

Un choc

La couleur

Traduire la réalité. Le coloriste reproduit par zones (les aplats) les couleurs choisies pour accentuer la vraisemblance du dessin (les visages sont roses, le ciel est bleu, etc.). Il peut ainsi ponctuer les planches en suivant le rythme du temps : à une planche sombre (la nuit) succède une planche claire (le jour).

Traduire l'atmosphère ou les sentiments. Le coloriste utilise les couleurs chaudes ou froides qui vont symboliser une attitude ou une ambiance. Il peut ainsi figurer la passivité, l'inquiétude par des couleurs froides. L'activité, l'agressivité seront par contre représentées par des couleurs chaudes. Exemples : rouge = colère ; vert = mensonge ; rose = affection.

Traduire l'action. Le coloriste peut jouer sur des oppositions de tons chauds et froids. Ainsi, les scènes d'action sont en couleurs chaudes alors que les scènes de transition sont colorées dans des tons froids.

LE MOUVEMENT DANS L'IMAGE

Hergé, *Le Crabe aux pinces d'or*, 1943, Éd. Casterman.

Hergé, *Le Trésor de Rackham le Rouge*, 1944, Éd. Casterman.

Dans la première illustration, le mouvement est créé par l'organisation du champ de l'image : une succession de mouvements est décomposée et répartie entre plusieurs personnages, de gauche à droite de la vignette.

Dans la seconde illustration, le mouvement est créé par la composition de l'image en profondeur : l'action est suggérée par la position respective des personnages, de l'arrière-plan au premier plan. Ainsi, dans cette vignette, le lecteur peut reconstruire les différentes étapes de l'arrivée sur l'île à partir des indices figurant dans chaque plan.

D'après une analyse de J.-B. Renard, *Clefs pour la bande dessinée*, Éd. Seghers.

La BD : les personnages

Le héros de BD est celui dont on nous raconte les aventures, celui qui est constamment sous nos yeux. Généralement célibataire, il vit en dehors de la société.

Les super-héros

À l'origine, ce sont des héros américains, nés dans les années 1930.

Les héros déshumanisés : ils sont doués de pouvoirs extraordinaires. Mandrake s'aide de la magie pour triompher des forces du mal.

Les héros dotés de super-pouvoirs : ils leur sont conférés par leur origine extraterrestre. Le Fantôme (1936) et Superman (1938) viennent d'ailleurs. Ils sont doués d'une super-force, d'une super-vue…

Les héros sans peur et sans reproche : ils se lancent à l'assaut des forces du mal, vêtus de collants, gantés, masqués et bottés.

Le héros d'aventure

Un homme, plus rarement une femme. Il n'a comme pouvoirs que son courage et son goût de la lutte. Rien ne lui est épargné. Il est souvent emprisonné, mais son intelligence subtile et sa maîtrise de soi lui permettent de vaincre. Il ne tue qu'en cas d'absolue nécessité. C'est, par exemple, Tarzan ou Alix.

Au service de la justice, il agit dans un but noble. Il représente ou se place au côté des opprimés contre la tyrannie. Il est le libérateur, le justicier. C'est le cas de Dick Tracy, de Lucky Luke…

Il vit des aventures exotiques. Le héros d'aventure évolue dans de grands espaces, dans des forêts, sur les mers. Il échappe souvent aux villes et procure dépaysement et évasion. Comme Tintin, il parcourt la planète.

Le héros inadapté

Un anti-héros dont les défauts du physique et du comportement ne permettent pas qu'on le prenne pour modèle. Il est souvent naïf, faible et maladroit.

Souvent brimé par son entourage, il se réfugie dans la rêverie poétique et l'invention, comme Gaston Lagaffe. D'autres – c'est le cas des Pieds Nickelés – traduisent la revanche des brimés sur la bêtise.

Des mésaventures comiques lui arrivent, qui sont le résultat de gestes catastrophiques, de situations absurdes, d'inventions surprenantes. On rit généralement du renversement final, de la déconfiture des censeurs.

Le personnage faire-valoir

Pour que le lecteur sache ce que pense le héros, il faut que ce dernier s'adresse à quelqu'un. C'est ce quelqu'un que l'on appelle « faire-valoir ». Le personnage faire-valoir est souvent à l'opposé du caractère du héros. Il est moins parfait. Astérix est très malin, mais Obélix est plus humain.

LA NAISSANCE DES HÉROS

La bande dessinée suit les bouleversements subis par la société. Elle se fait le reflet des craintes et des espoirs de l'homme. Les héros de BD naissent à des époques déterminées par des crises économiques, par des crises politiques, par des crises sociales.

La lutte contre le gangstérisme dans l'Amérique des années 1930 a donné naissance à Dick Tracy, l'inspecteur de police à l'honnêteté parfaite, terreur des gangsters et des escrocs.

Flash Gordon, dans sa lutte solitaire contre Ming, évoque la peur que fait régner l'ordre fasciste d'Hitler en Europe. Le héros représente le libérateur des minorités opprimées. Flash Gordon est aussi l'Américain moyen persuadé que la démocratie est le meilleur système politique et qu'elle doit être imposée à tous, éventuellement par la force.

Dans la France des années 1960, au moment où le général de Gaulle parle de la grandeur de la France, apparaît Astérix le Gaulois, qui vient renforcer l'image du Français en lutte contre les grands empires (Amérique et Union soviétique).

À l'époque des événements sociaux de 1968, naissent des personnages de BD qui contestent l'ordre social établi : c'est le Grand Duduche de Cabu.

Raymond, *Flash Gordon*, © K.F.S. Opera Mundi.

Héros de la BD d'expression française

Nom	Date de naissance	Créateur
Bécassine	1905	J. Pinchon
Les Pieds Nickelés	1908	L. Forton
Bibi Fricotin	1924	L. Forton
Tintin	1929	Hergé
Lucky Luke	1947	Morris
Alix	1948	J. Martin
Blake et Mortimer	1950	E.-P. Jacobs
Gaston Lagaffe	1957	A. Franquin
Les Schtroumpfs	1958	Peyo
Astérix	1959	Uderzo/Goscinny
Achille Talon	1959	Greg
Paulette	1959	G. Pichard
Benoît Brisefer	1960	Peyo
Boule et Bill	1960	J. Roba
Barbarella	1962	J.-C. Forest
Blueberry	1963	Gir/Charlier
La Femme assise	1964	G. Copi
Jodelle	1966	G. Peellaert
Valérian et Lauréline	1967	J.-C. Mézières
Lone Slaone	1968	P. Druillet
Rahan	1968	J.-F. Lescureux
Natacha	1970	F. Walthéry
Yoko Tsuno	1970	R. Leloup
Brindavoine	1973	J. Tardi
Adèle	1976	J. Tardi
Le Baron noir	1976	Y. Got/R. Pétillon
Les Bidochon	1977	Binet
Ricky Banlieue	1979	F. Margerin
Alcide Nikopol	1980-1993	Enki Bilal
Canardo	1981	B. Sokal
Le Chat	1985	P. Geluck
Largo Winch	1990	Francq/Van Hamme
Titeuf	1990	Zep
Lanfeust	1994-2000	C. Arleston et D. Tarquin
Little Kevin	1995	A. Coyette
Marie et Elie	2000	O. Yochihiko
Marjane	2000-2003	Marjane Satrapi
Marco	2003-2008	Manu Larcenet
Valentine	2009	Vanyda

Le schéma

Un schéma est une représentation simple et organisée d'une réalité complexe. Le schéma peut aider à la compréhension d'un exposé.

Le schéma circulaire

Il rend compte des phénomènes cycliques, lorsqu'une succession d'opérations aboutit à un renforcement de la première. Il est souvent utilisé pour expliciter des phénomènes économiques, climatiques et écologiques.
On organise le schéma dans le sens des aiguilles d'une montre. Dans la mesure du possible, on place le point de départ de la lecture en haut.

Le schéma linéaire

Il indique la succession des étapes du fonctionnement d'un système. Il est essentiellement employé pour rendre compte de phénomènes chronologiques qui évoluent vers un aboutissement.
On organise ce type de schéma verticalement ou horizontalement. Le point de départ est placé en haut dans le cas d'une organisation verticale, à gauche dans le cas d'une présentation horizontale.

Le schéma pyramidal

Il explique une organisation hiérarchisée. Il permet de décrire une structure. On le rencontre dans les organigrammes de sociétés, dans la description du fonctionnement des institutions.
On organise ce type de schéma en plaçant la base (le plus grand nombre des éléments) en bas et la tête en haut du schéma.

Les symboles dans un schéma

Les traits et les dessins

Les flèches indiquent le sens de la relation.
Les traits en pointillés indiquent une relation faible, non obligatoire ou dissimulée.
Certaines informations peuvent figurer sous forme de dessins symboliques, qui doivent être clairement compréhensibles. Une légende peut accompagner le schéma.

Les couleurs

On regroupe les opérations appartenant à un même domaine sous la même couleur. Les couleurs froides pour ce qui est naturel, non transformé. Les couleurs chaudes pour ce qui a été fabriqué, transformé.

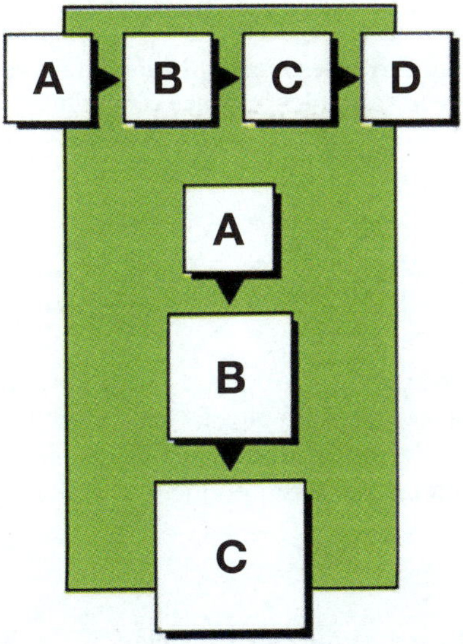

Schéma linéaire

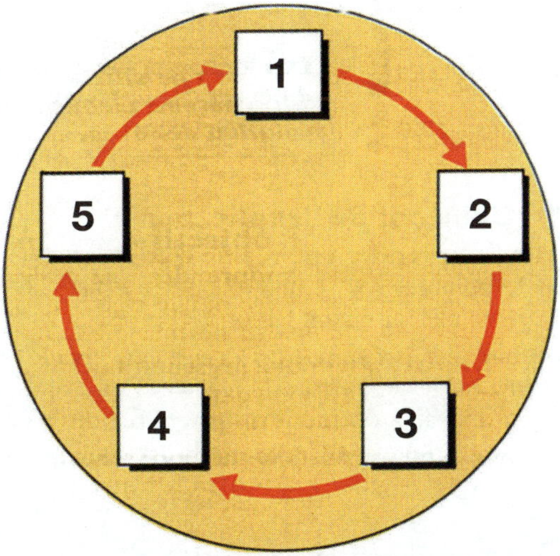

Schéma circulaire

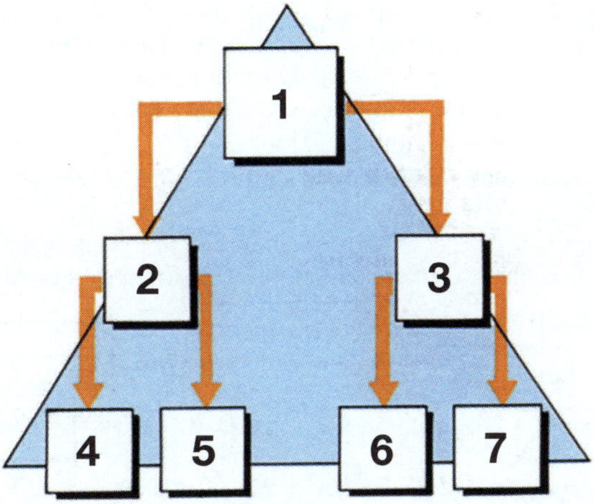

Schéma pyramidal

Le schéma explicatif

Expliquer une situation, c'est montrer les liens qui existent entre différents éléments en mettant en valeur les origines et l'évolution des événements.

L'objectif de l'explication

Faire comprendre une réalité complexe. Dans le cas d'une situation rendue complexe par le nombre, par la multiplicité et l'imbrication des composants, le dessin permet de visualiser plus aisément l'information.

Animer une présentation écrite (un article) ou orale trop longue. L'utilisation d'un schéma explicatif permet de relancer l'attention ou de comprendre plus facilement un processus difficile à décrire uniquement par des mots.

Faciliter la mémorisation de l'auditoire ou du lecteur. Le dessin permet de synthétiser toutes les informations.

La réalisation

On recherche les principales étapes de la situation à expliquer : l'origine, la fin, les étapes qui modifient l'état précédent. Exemple : on veut expliquer une situation historique. On délimite le début et la fin des événements et on ne retient que les événements intermédiaires qui ont joué un rôle important.

On hiérarchise et on organise les informations. On choisit un ordre dans la présentation : du plus important au moins important pour minimiser l'importance du dernier point ; du moins important au plus important pour donner l'impression inverse (privilégier un point). On peut aussi choisir une démarche chronologique, c'est-à-dire partir de la situation actuelle et revenir en arrière. Ce peut être l'inverse, de l'origine à la conclusion des événements, pour retracer l'évolution d'une situation.

On montre ensuite les relations de cause à effet. On place des flèches entre les différents éléments en relation :

– relation directe : traits forts ; – relation indirecte : pointillés.

On dessine des flèches plus ou moins larges selon la force de la relation.

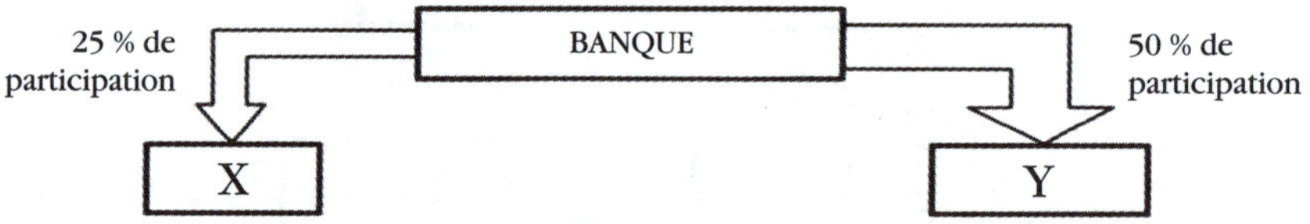

Le commentaire

La **légende** complète les informations de l'illustration et en facilite la lecture. Elle indique à quoi correspondent les différents symboles et tracés utilisés dans le schéma explicatif.

Le **commentaire** hiérarchise l'information en respectant la disposition du schéma. Il reprend l'essentiel de l'information et la commente en apportant des données supplémentaires (données chiffrées, historiques…). Il explique en faisant le lien d'un point à un autre.

LE SCHÉMA EXPLICATIF DU CYCLE DE L'EAU

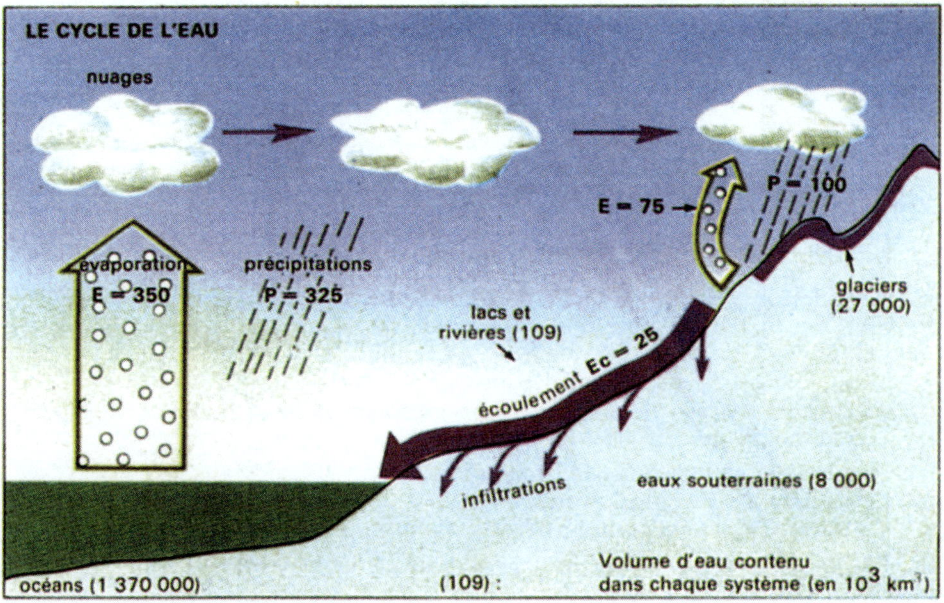

Ce schéma explique le cheminement de l'eau depuis son évaporation jusqu'à son retour à l'océan.

L'**évaporation océanique** est symbolisée par une grosse flèche contenant des bulles, qui représentent la vapeur d'eau. Le mot « évaporation » est lui-même inscrit dans la flèche. La quantité d'eau évaporée est elle aussi inscrite dans la flèche. Cette vapeur se condense en nuages. Les nuages se déplacent vers la terre. Le déplacement est représenté par les flèches.

Les **nuages** provoquent des précipitations, qui sont représentées ici par des tirets obliques et nommées sur la première des précipitations. Une partie de ces précipitations regagne directement l'océan. Une autre partie tombe sur les reliefs (symbolisés par une coupe du relief). L'eau peut être stockée dans les glaciers (désignés par une flèche).

La **fonte des glaciers**, les **lacs** et les **fleuves** laissent une partie de l'eau s'évaporer et remonter dans les nuages. Ce phénomène est indiqué par une petite flèche identique à la première.
Une partie de l'eau charriée par les fleuves s'infiltre dans les nappes souterraines. Cette information est marquée par les petites flèches orientées vers le bas. Elle est également nommée. Le reste s'écoule vers l'océan, ainsi que le marque la grosse flèche violette.

L'organigramme

Un organigramme représente, sous forme de graphique, l'organisation des responsabilités et des fonctions d'une organisation.

La préparation de l'organigramme

On **répertorie** tous les organismes qui doivent figurer sur l'organigramme : les différentes directions, les différents secteurs, les différents services…

On les **désigne** de manière cohérente en mentionnant trois informations :
– le niveau de l'organisme (division, département, secteur…) ;
– la fonction de l'organisme (production, finances, commercialisation…) ;
– le nom du responsable de l'organisme.

Le dessin de l'organigramme

On visualise la nature et l'activité de l'organisme. La forme que l'on donne au cadre dans lequel on inscrit l'organisme (rond, rectangle, ovale…) doit permettre de différencier :
– l'organisme d'état-major : comité de direction, comité financier, comité social… ;
– l'organisme fonctionnel : service finance, service personnel, service planification… ;
– l'organisme opérationnel : département achats, département production…

La hiérarchisation des composants

Verticalement, on détermine les niveaux de la structure. On visualise cette hiérarchie en diminuant la taille des cadres au fur et à mesure que leur nombre augmente.

Horizontalement, la place de l'organisme est située à son niveau hiérarchique. Elle est établie logiquement par le degré d'autonomie de l'organisme. On place côte à côte des organismes de même niveau qui entretiennent des relations dans le temps (par exemple, le service conditionnement se trouvera au côté du service expédition).

Les types de relations entre les organismes

Les relations opérationnelles : des traits continus épais relient les cadres. Ils constituent la charpente de l'organigramme.

Les relations fonctionnelles : elles sont établies par des traits plus fins qui se greffent sur les relations opérationnelles.

Les relations informelles de collaboration ou de conseil : lorsqu'elles existent, elles sont souvent représentées en pointillés.

Le rôle de l'organigramme

Il est essentiellement destiné à donner une image de l'organisation d'un groupe. Il permet de situer précisément un service particulier dans ses relations avec les autres. C'est un moyen de savoir exactement qui est responsable de quoi.

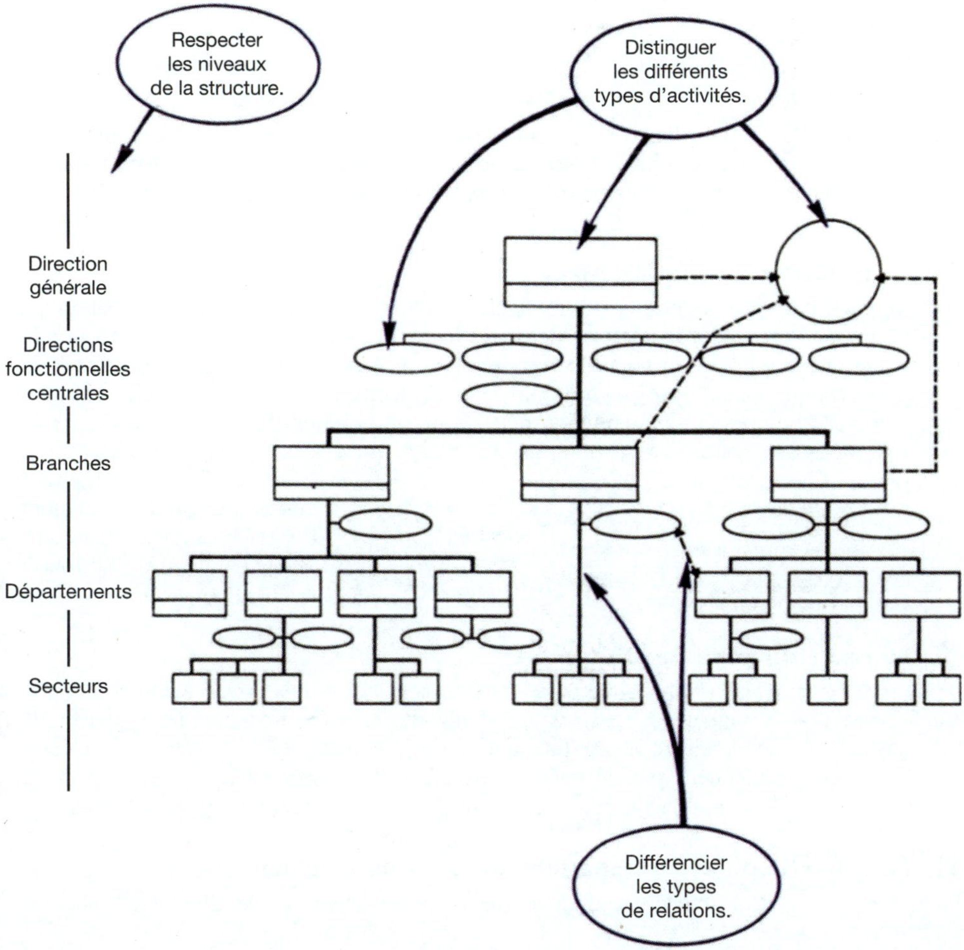

Un exemple d'organigramme classique

Les niveaux de la structure sont présentés dans l'organigramme. Le plus important figure en haut de l'organigramme. La hiérarchie est marquée par la place dans l'organigramme et par la grandeur du cadre.
Les différents types d'activités apparaissent dans la forme du cadre. Dans les rectangles, sont inscrites les différentes branches d'activité. Dans les ovales, figurent les directions. Dans le cercle, on trouve l'organisme de contrôle.
Les traits continus forts indiquent une relation de dépendance entre différentes branches. Les traits fins marquent une relation de fonction. Les traits en pointillés indiquent une collaboration occasionnelle entre les services.

Le plan

Le plan rend possible une vision plus globale de l'ensemble et une bonne distribution des fonctions. Dans le cas d'une habitation, il permet d'envisager la répartition logique du mobilier.

La fonction de chaque pièce

Avant de mettre un plan au point, il faut réfléchir à l'utilisation de chaque pièce, à leur temps d'occupation, au nombre d'allées et venues faites d'une pièce à l'autre au cours de la journée. Sur une feuille de papier, on trace des cercles qui correspondent approximativement à la surface de chaque pièce. Puis on indique par une flèche les liaisons entre chacune des parties de l'habitation au cours d'une journée. Enfin, on note à l'intérieur de chaque cercle toutes les idées que l'on associe à cette pièce (activité, ambiance, type d'espace, etc.).

Exemple :

L'analyse du croquis permet ensuite de juger l'agencement des pièces et d'apprécier quelle peut être la disposition la plus logique.

Le tracé du plan des lieux

On mesure les dimensions de chaque pièce et on les reporte sur une esquisse. On choisit une échelle, c'est-à-dire le taux de réduction qu'on va utiliser. Exemple : 1 cm par mètre signifie que 1 m dans la réalité se traduit sur le plan par 10 mm. De préférence sur du papier millimétré, on trace le contour du bâtiment, puis à l'intérieur, à l'échelle, on dessine chacune des pièces. Le tracé est repassé à l'encre, puis on note sur le plan toutes les dimensions réelles des lieux.

La répartition et l'aménagement de chaque pièce

À l'intérieur de chaque pièce, on organise les zones d'activité et de circulation, puis on répartit le mobilier.

Méthode 1 : on utilise une feuille de papier calque pour dessiner par transparence les équipements qui auront été tracés auparavant et séparément sur une page blanche. On voit ensuite les différentes possibilités d'aménagement.

Exemple : page avec les symboles

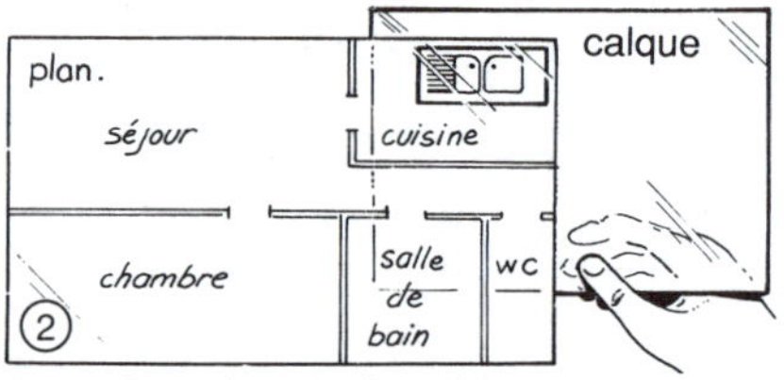

Méthode 2 : on découpe dans du papier de couleur la surface de tous les éléments à mettre en place. Il sera alors plus facile de placer chaque pièce de couleur en la poussant du doigt pour trouver la disposition idéale du mobilier. On évite ainsi de possibles erreurs, car on travaille sur une vue d'ensemble que l'on peut modifier si on le désire.

Différents types d'escaliers

La flèche indique le sens de montée des escaliers.

Escalier à
1 volée droite

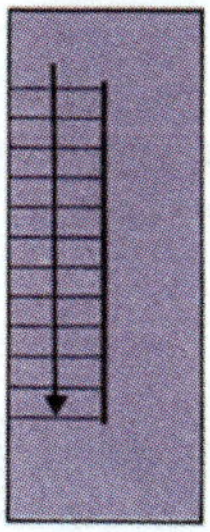

Escalier à droite
à 2 volées
à palier de repos

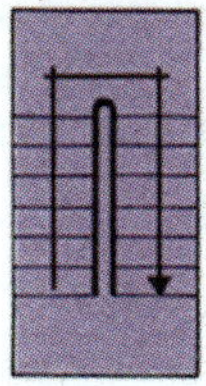

Escalier à gauche
à 3 quartiers
tournants balancés

Escalier à droite
en courbe à 1 volée

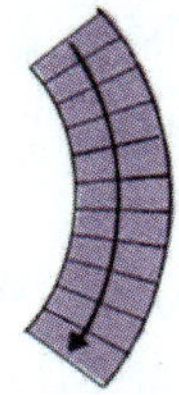

Escalier à gauche
balancé

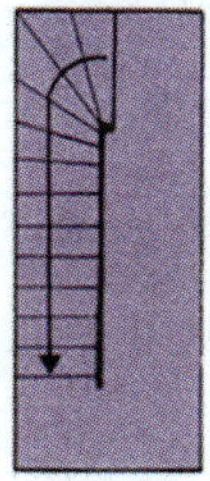

Escalier à gauche
à quartier tournant
balancé au départ

Portes et ouvertures (fenêtres...)

Porte : elle est représentée ouverte.
On figure l'angle et l'espace couverts par l'ouverture de la porte.

Porte

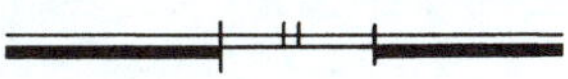

Fenêtre

Installations sanitaires

Baignoire

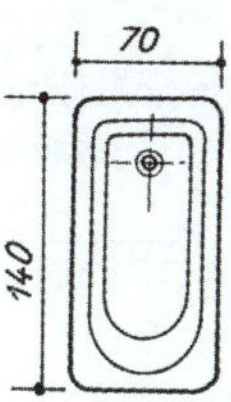

Douche

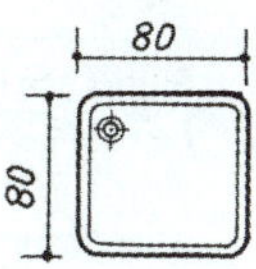

Évier

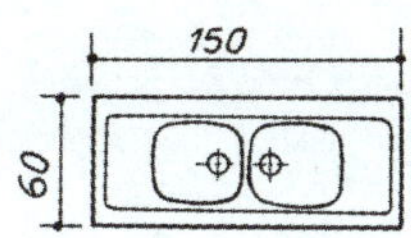

Réfrigérateur

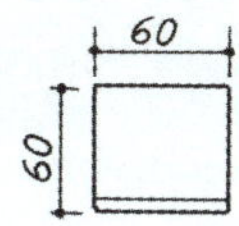

Cuisinière

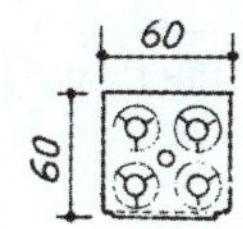

36 x 64

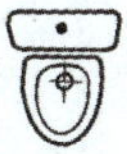

WC

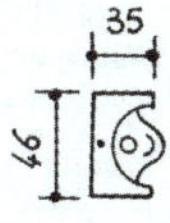

Urinoir

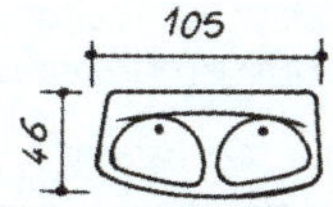

Lavabos

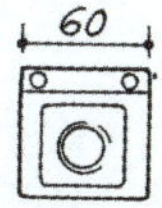

Machine
à laver

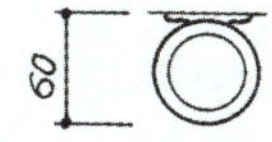

Cumulus

La carte

La carte est un moyen de représentation conventionnel du terrain comme s'il était observé d'en haut. Les données sont recueillies, sélectionnées et traduites par des signes et des symboles.

Le choix de l'échelle

L'échelle d'une carte est le rapport qui existe entre les longueurs mesurées sur la carte et les longueurs correspondantes mesurées sur le terrain.
Exemple : 1/50 000 signifie que 1 cm sur la carte représente 50 000 cm sur le terrain, c'est-à-dire 500 m.
Elle est choisie en fonction du problème à traiter et de la surface à représenter.
Exemples :
– quand on désire un maximum de précision dans le détail, on utilise une grande échelle (1/50 000, 1/20 000, 1/10 000) ;
– quand on veut avoir une vue plus large, on utilise une petite échelle (1/500 000, 1/1 000 000...).

Les cartes spécialisées

Types de cartes	Représentation	Utilité
Les cartes topographiques	Représentation de la surface terrestre concernant la position, la forme, les dimensions, l'identification des accidents du terrain ainsi que les objets qui s'y trouvent.	À grande et à moyenne échelle : fournir une représentation fidèle du terrain. À petite échelle : représenter les traits généraux d'un État, d'un continent.
Les cartes géologiques	Représentation de la disposition des terrains.	Montrer la nature des terrains (âge...).
Les cartes thématiques : • analytiques	Représentation conventionnelle d'un sujet ou d'un thème spécialisé.	Fournir une illustration de données. Représenter l'extension ou la répartition d'un phénomène et ses rapports avec l'espace géographique (carte de population...).
• synthétiques	Regroupement par superposition ou imbrication de plusieurs cartes.	Expliquer ou présenter un phénomène complexe à un moment donné. Traduire un mouvement dans l'espace (flux).

L'estompage. Il permet de mettre en valeur le relief, par des ombres qui traduisent le modelé du terrain supposé éclairé du côté nord-ouest.

Courbe de niveau. Ligne imaginaire qui joint tous les points d'un relief situés à la même altitude. Par leur mouvement général, elles représentent les formes du terrain.

Chaque carré noir représente le dessin d'une maison.

Limite de commune.

Ligne électrique.

Vergers et plantations.

Bois.

Point coté. Il marque l'altitude de certains points caractéristiques. Il permet d'évaluer les petites dénivellations.

Châteauneuf-sur-Isère. Extrait de la carte 1/50 000 de Tournon (IGN).

Le graphique

Les graphiques font partie d'un système de signes construits pour communiquer des informations chiffrées. Ils font apparaître des relations entre des données ou des ensembles de données.

Pourquoi utiliser un graphique ?

Il donne une vue d'ensemble : le graphique est immédiatement lisible, alors que la lecture d'un tableau statistique est plus lente. Il permet de mettre en évidence ce que le tableau statistique fait mal apparaître (évolution, rupture, part respective des secteurs, etc.). Il facilite les comparaisons et permet de poser des problèmes. Un graphique peut être une simple illustration, mais il peut aussi provoquer la réflexion, influencer une décision.

Les chiffres représentés

Pour montrer des transformations de quantités, on prend des chiffres en valeur absolue (exemples : 240 tonnes, 600 000 habitants).

Pour montrer les évolutions de produits différents et des composantes d'un même ensemble, on choisit des valeurs relatives : pourcentages et indices. Les pourcentages sont régulièrement utilisés pour exprimer une part (55% de la production) ou pour quantifier une évolution (augmentation de 25 % de la population). Les indices permettent de montrer l'évolution de données difficilement comparables par leur nature (par exemple, des productions différentes). On réduit tout à la base 100 en faisant une règle de trois :

$$\frac{100 \times \text{Quantité de l'année pour laquelle on cherche l'indice}}{\text{Quantité de l'année de référence}}$$

Les types de graphiques

Le **graphique en courbe** permet de montrer une évolution si l'on a une série continue de chiffres. S'il y a plusieurs courbes, une couleur différente est utilisée pour chacune afin de comparer leur tracé.

Le **graphique en barres** permet de montrer une évolution à partir d'une série discontinue de chiffres. Il permet aussi de visualiser des répartitions. Chaque colonne a une hauteur proportionnelle au nombre qu'elle représente.

Le **graphique circulaire ou demi-circulaire** permet de visualiser une répartition. Il est utilisé pour mettre en évidence les phénomènes majoritaires ou minoritaires. Il est cependant difficile à construire : il nécessite des calculs, 100% équivalent à 180° (demi-cercle) ou à 360° (cercle).

Le commentaire

Il donne le titre, la légende et les références du graphique. Il décrit ce que l'on voit. Il interprète le graphique. Il énonce ses limites éventuelles : quelles informations importantes ne sont pas représentées ? Il apporte des explications aux informations dégagées en les confrontant à une documentation plus vaste.

Le graphique en courbe

Évolution des effectifs régionaux de l'enseignement scolaire et supérieur

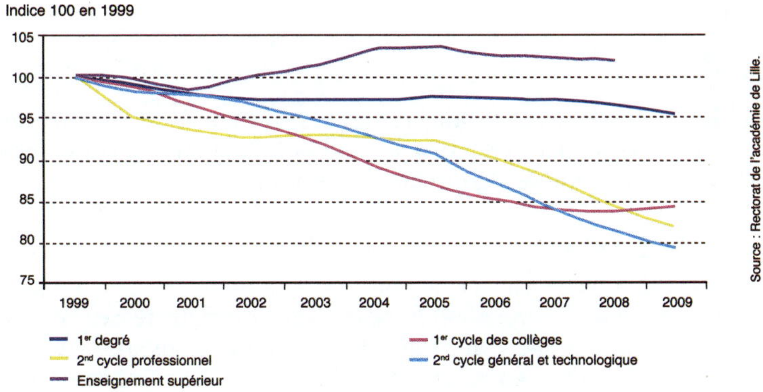

Le graphique circulaire

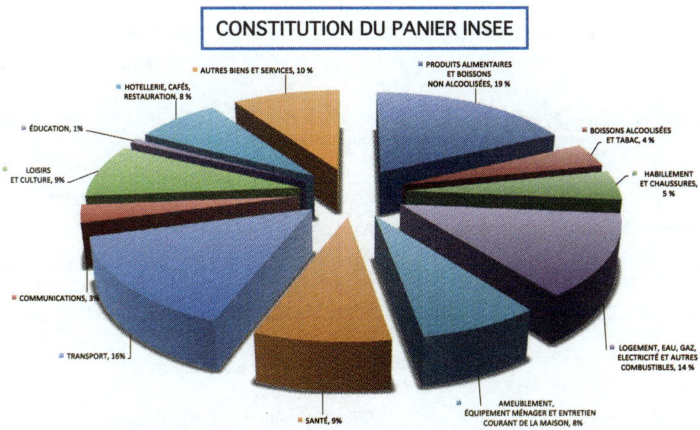

Le graphique en barres

Parts de marché des différents réseaux en matière de crédits aux sociétés industrielles

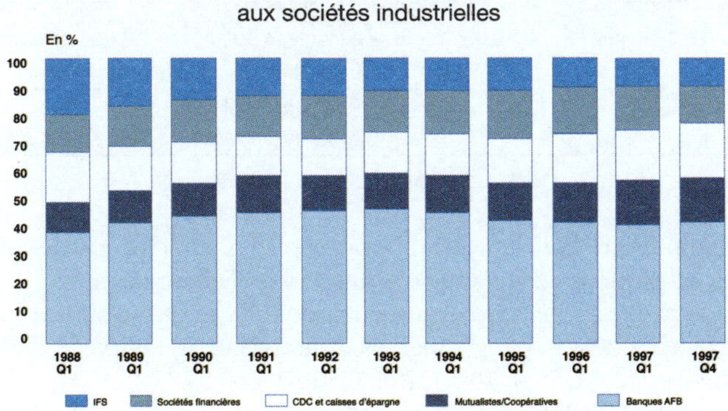

Le dessin technique

Le dessin technique est un langage conventionnel, soumis à des règles définies par la normalisation, qui permet de communiquer de manière rigoureuse et économique.

Les types de dessins

Le **croquis** est un dessin établi sans l'aide d'instruments de mesure ou de guidage. Il est utilisé lorsque l'on veut faire comprendre un mécanisme, de manière très générale.
Le **schéma** est un dessin, sous une forme symbolique plus ou moins abstraite, des fonctions remplies par une suite de mécanismes, d'organes de transmission. On construit un schéma lorsque l'on veut faire réfléchir sur les fonctions d'une machine.
L'**esquisse** est le dessin préliminaire des grandes lignes d'un projet. C'est une sorte de brouillon à partir duquel on réalise la mise au net.
Le **dessin** est la représentation graphique aussi exacte que possible en formes et en positions. C'est le dessin que l'on communique au service de fabrication.

Les traits normalisés

Ils se caractérisent par leur nature (continu, interrompu, mixte) et leur largeur (fort, fin).

Trait	Désignation	Applications générales
A	Continu fort	A1) Contours vus A2) Arêtes vues
B	Continu fin (aux instruments)	B1) Arêtes fictives vues B2) Lignes de cote B3) Lignes d'attache B4) Lignes de repère B5) Hachures B6) Contours de section rabattus sur place B7) Axes courts B8) Constructions géométriques vues
C	Continu fin à main levée	C1) Limites de vues ou coupes, partielles ou interrompues, si ces limites ne sont pas D1) des traits mixtes fins
D	Continu fin (droit avec zigzags)	
E	Interrompu fort	E1) Contours cachés E2) Arêtes cachées
F	Interrompu fin	F1) Contours cachés F2) Arêtes cachées F3) Constructions géométriques cachées
G	Mixte fin	G1) Axes de révolution G2) Traces de plans de symétrie G3) Trajectoires

L'échelle

L'échelle d'un plan indique la valeur du rapport entre les dimensions de la pièce dessinée et les dimensions de la pièce réelle. On se limite aux échelles suivantes :
– échelle 1 : grandeur d'exécution ou « vraie grandeur ». On l'utilise surtout pour les dessins de conception. La pièce dessinée a les mêmes dimensions que la pièce réelle ;
– réduction : échelles 1/2 ; 1/5 ; 1/10 ; 1/20 ; 1/50 ; 1/100 ; 1/200…
– agrandissement : échelles 2/1 ; 5/1 ; 10/1 ; 50/1…

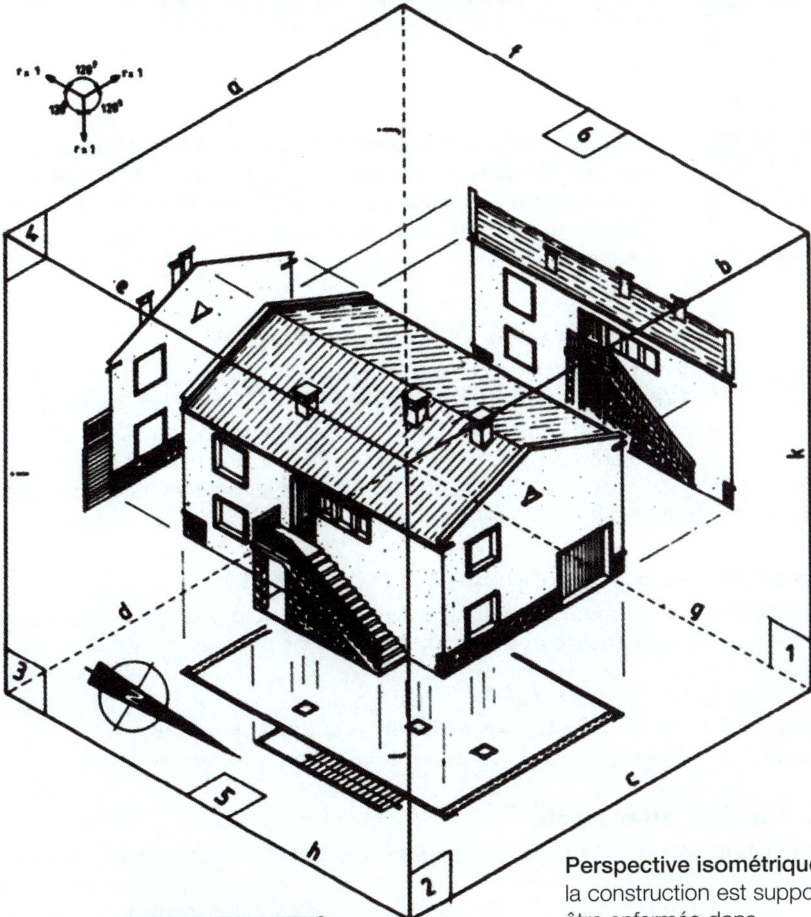

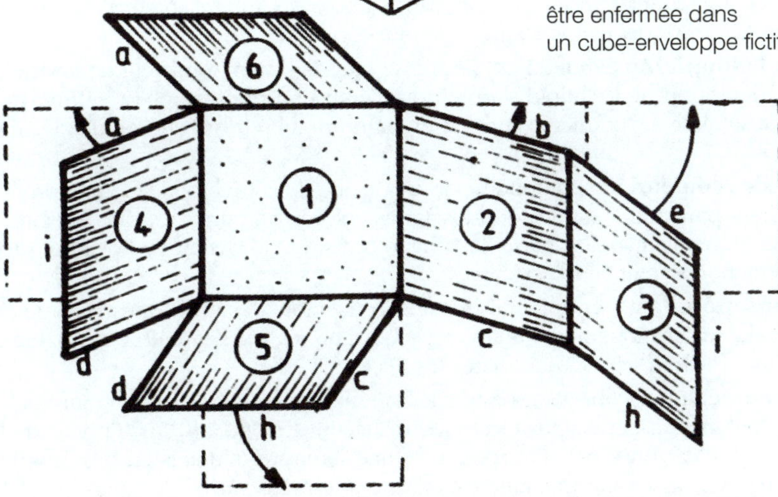

Perspective isométrique :
la construction est supposée
être enfermée dans
un cube-enveloppe fictif.

La photographie

À partir d'un constat ancien, la projection de l'image, et d'une découverte plus récente, la propriété des sels d'argent, le procédé photographique apparaît au XIXe siècle. Il évolue rapidement grâce à une série de découvertes qui permettent une mise au point progressive.

La première photographie (Nicéphore Niepce)

Nicéphore Niepce découvre au XIXe siècle que le bitume de Judée, corps voisin du goudron, est sensible à la lumière. Sous l'action de celle-ci, le bitume de Judée durcit, tandis que les parties protégées peuvent être éliminées grâce à un mélange de pétrole léger et d'huile de lavande. Niepce associe l'utilisation de ce procédé à celle de la chambre obscure et expose le paysage situé devant sa maison de Saint-Loup-de-Varenne, en Bourgogne : c'est la première photographie du monde.

Les premiers perfectionnements (1827-1874)

La recherche d'une plus grande commodité d'emploi, de temps de pose plus courts, de résultats plus esthétiques suscite une série d'améliorations dont les principales étapes sont les suivantes :
- le daguerréotype (du Français Daguerre) : réduction du temps de pose, image fine ;
- le calotype (de l'Anglais Talbot) : possibilité de reproduction de l'image ;
- la pellicule, surface sèche sensible, sortie sur le marché londonien en 1874.

L'évolution du matériel

L'appareil photo. La chambre obscure, ancêtre de l'appareil photo, est dotée de lentilles permettant une meilleure définition de l'image. En 1925, l'industrie allemande crée le Leica. Après la Seconde Guerre mondiale, l'industrie japonaise imite et perfectionne le modèle. Son format (24 x 36) devient le standard le plus répandu.

La pellicule souple. Au début du XXe siècle, Georges Eastman (fondateur de Kodak) a l'idée d'utiliser un support de Celluloïd souple pour l'émulsion photographique. Il devient alors possible de stocker sur un même support un grand nombre de clichés et d'industrialiser le procédé.

Les procédés couleur. Ils sont fondés sur le principe de la trichromie (restitution de toutes les couleurs à partir de systèmes de mosaïques colorées) : parmi les plus anciens, l'autochrome des frères Lumière, et parmi les plus récents, le Polavision de Polaroid, procédé à développement instantané (1977).

L'automatisation. Dans les appareils actuels, l'ensemble des problèmes liés à la prise de vue est résolu automatiquement : un microprocesseur analyse l'ensemble des paramètres et prend en une fraction de seconde toutes les décisions utiles.

La photo numérique. L'objectif est muni de capteurs photosensibles qui traduisent lumière, formes et couleurs en impulsions électriques. Chacun des 360 à 810 000 points de l'image (ou pixels) est caractérisé par une couleur et une intensité traduites en bits informatiques par l'appareil. Ce fichier informatique est ensuite interprété par l'ordinateur.

LE MATÉRIEL DU PHOTOGRAPHE À LA FIN DU XIXe SIÈCLE

APPAREIL DE CAMPAGNE

Appareil photographique de campagne (1869)

La scène, qui date du XIXe siècle, montre la complexité du travail au début de la photographie. Le photographe a besoin de tout un matériel pour réaliser ses prises de vue. La scène est saisie sur une plaque de verre souvent préparée par un aide. En effet, le verre doit être recouvert sur place d'une émulsion sensible à la lumière, constituée de sels d'argent et d'un liant d'albumine ou de gélatine.

Cette technique a été utilisée pendant plus de cinquante ans. Les photographies étaient en noir et blanc jusqu'à ce que les frères Lumière inventent un procédé permettant de fixer la couleur sur la plaque de verre. À partir du XXe siècle, une nouvelle technologie s'impose peu à peu : la pellicule. Celle-ci, en se diffusant, va alors permettre à chacun de devenir photographe.

La capture de l'image

« Photographier, c'est dans un même instant et en une fraction de seconde reconnaître un fait et l'organisation rigoureuse des formes qui expriment ce fait. C'est mettre sur la même ligne de mire la tête, l'œil et le cœur », dit Henri Cartier-Bresson.

Une conception particulière de la photographie

Après la Seconde Guerre mondiale, certains photographes apparaissent particulièrement attentifs au spectacle des rues et aux expressions fugitives révélatrices de traits psychologiques ou sociaux. Robert Doisneau, Izis, Willy Ronis, Édouard Boubat effectuent une sorte de reportage humaniste. En 1947, Robert Capa, Henri Cartier-Bresson, David Seymour et George Rodger créent une agence destinée à assurer à ceux qui le veulent indépendance et créativité : l'agence Magnum. Cartier-Bresson devient le théoricien et le principal représentant d'une tendance qui fait de la photographie un moyen de comprendre et de questionner le monde, et qui refuse tout arrangement susceptible d'ôter sa valeur et sa signification à l'instant photographique.

L'instant photographique

Il existe un moment privilégié pour le déclenchement photographique. Il s'agit de l'instant où les éléments d'une scène constituent un temps fort de la signification (aspect insolite, révélation d'un trait psychologique ou social) et s'organisent sur le plan esthétique par la relation des formes et des couleurs.

La capacité à déclencher la prise de vue au moment le plus favorable dépend de la concentration du photographe, de sa sensibilité et de son aptitude à composer l'image.

La maîtrise de l'espace

Il existe un point de l'espace d'où une scène est perçue avec plus de force et de netteté. La recherche du meilleur emplacement de prise de vue est celle d'une correspondance entre l'intention et le cliché réalisé.

Le choix doit garantir la lisibilité de l'image : éviter que certains personnages ne soient masqués par d'autres, que des éléments parasites ne perturbent involontairement le sens, que la scène ne perde son caractère émouvant ou dramatique parce qu'elle est trop éloignée.

La recherche d'une image spontanée, non « fabriquée » ou arrangée à l'avance, exige une aisance du photographe à évoluer dans l'espace. Elle demande une adaptation à une réalité qui bouge, une anticipation intuitive des mouvements.

Une composition forte : le visage de l'enfant se détache à l'intersection des diagonales de l'image. Les bouteilles se trouvent sur les lignes des tiers.

Sans la chaîne des regards, la photographie serait moins forte. En effet, chaque regard exprime un sentiment différent.

L'arrière-plan permet de situer le contexte de la scène.

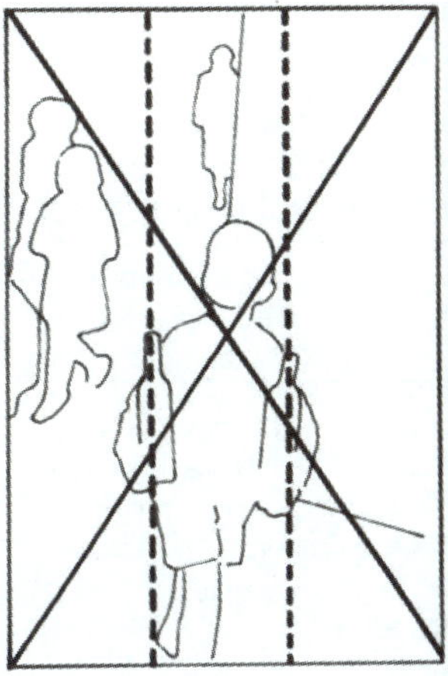

L'instant photographique est celui qui combine en même temps l'attitude d'intense satisfaction de l'enfant et le regard surpris et admiratif de la fillette du second plan.

Photographie de Henri Cartier-Bresson

Cette photographie d'Henri Cartier-Bresson (1908-2004) montre le « titi parisien » d'une certaine période du XXe siècle. La construction de l'image, l'instant photographique et le choix du noir et blanc confèrent à la photographie une forte signification symbolique. « On doit toujours photographier dans le plus grand respect du sujet et de soi-même », dit son auteur.

La densité de l'instant

Ce qui fait la force d'une photographie, c'est que son intérêt ne se limite pas à l'actualité. La disponibilité du photographe, son intuition, et la rigueur des règles esthétiques peuvent assurer la permanence et la richesse du message.

FONCTION	RÔLE	EXEMPLE (photographie de Cartier-Bresson, *Sur les bords de la Marne,* 1938)
Référentielle	Représenter, reproduire le réel, acquérir une fonction documentaire.	Témoignage d'une époque, d'un contexte social : péniche et famille d'un marinier.
Émotive (ou expressive)	Exprimer la sensibilité, l'opinion de celui qui émet le message. C'est le point d'où part le regard qui introduit la subjectivité. Le photographe exprime son point de vue en fonction de l'endroit où il se place et du moment où il effectue le déclenchement photographique.	Le photographe a choisi le moment où une scène (les deux femmes et l'enfant) est regardée par un personnage qui occupe une position centrale au premier plan. La subjectivité du photographe n'est pas dominante : elle est relayée par ce personnage vu de dos.
Conative (ou incitative)	Agir sur le destinataire, transformer son opinion ou son intention : « La photographie ne doit pas chercher à prouver, mais elle peut convaincre quand elle ne cherche pas à le faire » (Marc Riboud, photographe de l'agence Magnum).	Le sourire des visages, les gestes d'ouverture, la chaîne des regards (bébé regardé par les deux femmes et par l'homme, homme regardé par le chien) suscitent une sympathie pour un univers simple et d'une grande richesse affective.
Phatique (ou fonction de contact)	Attirer l'attention du destinataire et la retenir. Souvent, une rupture (élément surprenant, angle de prise de vue inhabituel, contradiction entre deux éléments formels) oblige l'œil à s'attarder sur une image. Les points forts qui imposent un sens de lecture participent également à cette fonction.	Le personnage vu de dos constitue une part d'inconnu qui suffit à arrêter le regard. Celui-ci circule d'une tache claire à une autre (partie ensoleillée de la péniche, bébé, homme, chien), du clair à l'obscur (bébé, femmes) et d'un regard à l'autre. L'opposition marquée entre éléments clairs et foncés augmente la lisibilité et contribue à créer le contact.
Poétique (éléments esthétiques)	Jouer avec le code du message. Pour la photographie, il peut s'agir de la composition, de l'éclairage, des couleurs, du tirage plus ou moins contrasté… La présence d'un liseré noir correspondant aux bords mêmes du négatif indique que la photo n'a subi aucun recadrage : c'est une forme d'élégance et la marque d'une certaine conception de l'art photographique.	La photographie est marquée par une composition forte (symétrie légèrement décalée, scène importante à gauche, moins importante à droite). Elle joue sur des rappels de motifs formels (rectangles de la partie supérieure de la péniche et rectangle de la porte). La verticalité est dominante. La scène qui s'encadre dans la porte évoque une nativité de la peinture italienne.

Photographie d'Henri Cartier-Bresson.

Henri Cartier-Bresson (1908-2004) est considéré comme un pionnier du photojournalisme allié à la photographie d'art. Connu pour la précision au couperet de la scène représentée, de chaque composition (jamais recadrés au tirage), il s'est surtout illustré dans le reportage, la représentation des aspects pittoresques ou significatifs de la vie quotidienne. Il est l'inventeur du concept de « l'instant décisif », c'est-à-dire qui révèle plus que la scène photographiée. Dans la photographie du marinier debout, sur le quai devant sa péniche, c'est le jeu des regards qui suggère l'amour familial. Le lecteur partage ainsi, grâce au talent de Cartier-Bresson, un instant de bonheur intime. Au-delà, le photographe saisit avec force les deux univers qui rythment le quotidien de ce petit groupe : d'une part, le travail physique du marinier qu'évoque le vêtement, d'autre part la finalité même de ce travail à travers la réalité simple et émouvante de la famille regroupée dans l'encadrement de la porte. Cet encadrement est comme une photographie à l'intérieur de la photographie elle-même. Dans chaque instant photographié, Cartier- Bresson réussit à associer deux scènes pour montrer l'événement, suggérer sa densité et sa signification.

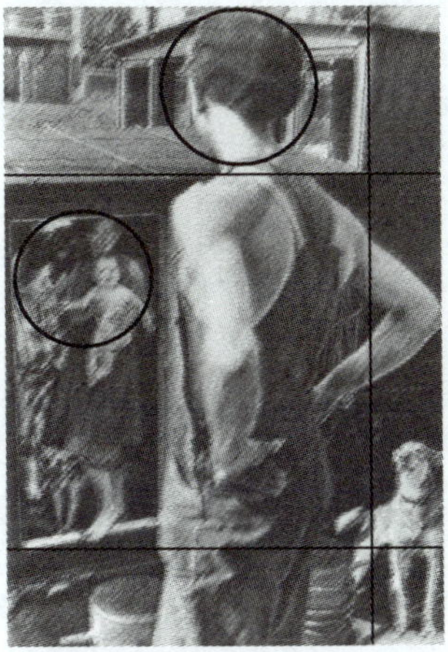

Les lignes de force
L'opposition entre les lignes droites, qui structurent l'image, et les courbes, qui suggèrent la douceur, amplifient la force de la photographie.

Le jeu des regards
La chaîne des regards que saisit Cartier-Bresson suggère un instant familial, rare et émouvant.

La photographie de presse

La photographie de presse permet d'attester l'authenticité d'un événement. Elle doit être immédiatement lisible. En fonction de ce qu'elle suggère, de la place qu'elle occupe dans la page, de son cadrage et du texte qui l'accompagne, elle peut orienter l'opinion de façon décisive.

Les débuts de la photographie de presse

C'est en 1842 que la première photographie fut publiée dans la presse londonienne. Le premier reportage photographique fut réalisé pendant la guerre de Crimée par l'Anglais Felton. Il faut attendre 1880 pour que paraisse dans un journal une photographie reproduite par des moyens purement mécaniques (reproduction de la photographie à travers un écran tramé puis passage du cliché sous une presse en même temps que le texte composé). C'est au début du XXe siècle que le procédé mécanique se généralise, s'intègre au journal et constitue une véritable révolution dans la communication. Le photojournalisme se développe.

Photographie de presse et information

La photographie a l'avantage d'informer de façon immédiate et de permettre une représentation des lieux et des scènes que ne rendrait pas une description. On parle alors de son «taux d'iconicité». Ainsi, une photographie de la place Tahir au Caire occupée par les jeunes des groupes «Justice et liberté» et «Mouvement du 6 avril» peut être considérée comme dotée d'un fort coefficient d'iconicité : elle atteste un événement et apparaît comme un signe très spectaculaire du soulèvement égyptien.

Deux photographies d'un même événement peuvent aboutir à des interprétations différentes

La présence d'une personne sur l'image : le composant vivant domine le composant inanimé. Le journaliste Paul Almasy cite l'exemple d'une voiture photographiée de profil dans toute sa longueur, avec au volant un visage féminin. À la question « Que voyez-vous ? », 92 personnes sur 100 ont répondu : « Une femme au volant d'une voiture. »

La place de la personne sur l'image : placée sur la gauche, celle-ci domine l'image ; placée à droite, elle devient un élément secondaire, le regard du lecteur glissant toujours de la gauche vers la droite.

L'instant photographié : deux photographies de presse peuvent être authentiques et communiquer des perceptions contraires d'un même événement. Il suffit de quelques fractions de seconde dans la prise de vue : visage grave ou souriant, présence ou absence d'une marque de menace, choix de l'agresseur.

L'IMPACT DE LA PHOTOGRAPHIE

La photo d'une rescapée du séisme et du tsunami survenus au Japon en mars 2011, perdue au milieu de décombres, fait la une d'une multitude de titres de presse, en France et à l'étranger.

Cette photo est devenue le symbole de la population nippone. Reprise par des dizaines de titres de presse, on peut y voir une jeune femme, le regard perdu au milieu des décombres de la ville d'Ishinomaki (160 000 habitants).

En France, la photo a été reprise par *Le Figaro*, *Le Point*, *Paris Match*, et *Le Nouvel Observateur*. Dans la presse étrangère, *The Courier Mail*, *The Daily Telegraph*, *The Wall Street Journal*, mais également des quotidiens italiens, portugais et finlandais ont publié cette photo.

Nucléaire, nouveaux séismes

Le Japon redoute le pire

À la crainte d'un «nouveau Tchernobyl» s'ajoute celle d'un second tremblement de terre PAGES 2 À 6 ET L'ÉDITORIAL PAGE 19

L'image fixe
La photographie de presse peut exprimer des valeurs universelles : la femme devient symbole de la détresse humaine.

L'événement
La confusion du décor porte les traces de la catastrophe.
La photographie raconte une histoire terrifiante.

La vérité
Le contraste entre le chaos du monde et la dignité de la jeune femme drapée dans sa couverture produit un saisissant effet de vérité.

La photographie de mode

La photographie de mode correspond à un phénomène économique et esthétique, et doit sa diffusion à la presse qui lui sert de support.

L'évolution

À partir de 1858, la haute couture parisienne fait son apparition avec la création de la maison Worth, rue de la Paix. Les œuvres vestimentaires sont portées par des actrices et des femmes du monde pour lesquelles la photographie constitue la marque d'un pouvoir (séduction et fortune).

Les photographies de mode cherchent à ressembler le plus possible à des dessins. Elles sont retouchées, et certains accessoires sont ajoutés au pinceau.

À partir de 1920, la photographie de mode se libère des poses conventionnelles empruntées au portrait peint ou photographié (femme debout devant une colonne antique, un accessoire à la main). Le photographe Edward Steichen n'hésite pas à présenter des femmes qui jouent au golf.

C'est vers la Seconde Guerre mondiale que les magazines de mode se développent de façon importante et se diversifient. *Marie-Claire*, lancé en 1937, tire très vite à 800 000 exemplaires. Les magazines relativement populaires comme *L'Écho de la Mode*, *Modes et Travaux* et *Femme d'aujourd'hui* conservent le souci d'une présentation du vêtement permettant de le reproduire. Mais la tendance dominante (*Elle*, *Marie-Claire*, *Marie-France*, *Dépêche-Mode*, *20 ans*, *Jacinthe*...) suggère un style de vie.

La technique

Le personnage. Les attitudes des mannequins reflètent une façon de vivre et se diversifient en fonction du statut de la femme. Leur caractère commun est d'être souvent excessives ou théâtrales (geste large, appuyé, stylisé). La pose du mannequin doit permettre de montrer l'architecture du vêtement. En même temps, elle participe au système de la mode qui plonge le lecteur dans une certaine irréalité.

Le vêtement. Vêtement image et vêtement écrit ne sont pas séparés. L'image est accompagnée d'une légende qui n'a pas d'utilité descriptive mais suscite le désir.

Le décor. Il doit provoquer des associations d'idées qui renforcent les connotations suggérées (exemple : plage de sable évoquant évasion et liberté pour une tenue décontractée). Il peut jouer sur l'opposition et le contraste (exemple : vêtement luxueux et citadin sur toile de fond d'exotisme et de pauvreté). Il introduit des correspondances colorées et graphiques (exemple : texture d'un tweed et rugosité du granit, ou rigueur d'une coupe et verticalité des lignes).

La légende. Elle valorise le vêtement, fournit un complément d'explication (type de tissu, coupe) tout en jouant sur le désir. Elle inscrit le vêtement dans un style de vie.

Lumière artificielle et lumière naturelle : c'est un vêtement pour la journée et pour le soir (opposition entre le clair et le foncé).

Le décor donne sa signification au vêtement. C'est un univers masculin (le billard), où l'on trouve la compétition, le jeu.

L'espace montré évoque la fuite (la perspective) mais aussi un certain luxe.

CLOUS Sur cuir noir... Tout un symbole interprété ici en pièces de métal et pierres de couleurs : une composition sur la veste près du corps et sur le gilet qui se marie à un simple T-shirt en stretch, un jodhpur martial et des bottes de motard (Martine Sitbon). Bagues (Schella et J.-P. Gaultier).

La légende reprend les associations (« mariage ») utilisées dans l'image entre le vêtement féminin et les connotations masculines « martial, bottes de métal… ».

Le vêtement : le décor permet de l'interpréter.
Provocation (cuir, clous) et féminité.
Compétition : les bottes de motard.

Audace : le noir de la nuit, le cuir qui est comme une seconde peau.

La photographie scientifique

La photographie scientifique multiplie les capacités visuelles de l'homme. Elle offre une autre image de la réalité.

Un autre regard sur le réel

Figer l'instant : la photographie scientifique saisit dans l'instant un processus en cours de déroulement. L'analyse stroboscopique permet d'analyser des mouvements ultrarapides, impossibles à percevoir directement. La succession des flashs électroniques à répétition donne l'illusion de la lenteur. On perçoit ainsi les différents stades du mouvement.

Agrandir le visible : l'œil ne peut percevoir la réalité dans tous ses détails. La macrophotographie réalise un effet loupe qui agrandit l'image des insectes, végétaux ou minéraux pour que l'œil en perçoive toute la complexité. L'agrandissement de l'œil à facettes d'un taon, par exemple, permet de comprendre pourquoi il voit ce qui se passe derrière lui.

Montrer l'invisible : l'acuité de l'œil est insuffisante pour découvrir exactement l'état de surface de la peau, par exemple; la microphotographie (la photographie alliée au microscope) pallie cette insuffisance. Elle montre la structure d'un cheveu, l'aspect du virus de la grippe ou la forme d'une cellule.

Le caché dévoilé

La photo à l'infrarouge : une pellicule et un filtre spéciaux, d'abord utilisés par les militaires pour des missions de surveillance et de renseignement, permettent aux scientifiques d'étudier la Terre. Le vert des feuilles est de couleur pourpre foncé dans le cas d'un feuillage persistant, rouge pour un feuillage caduc sain, vert ou bleu si le feuillage est malade.
La photographie à l'infrarouge sert également à la recherche médicale, à l'établissement de diagnostics médicaux. Elle permet aussi la détection de signatures effacées, de peintures recouvertes, voire du contenu d'enveloppes cachetées.

La photo à l'ultraviolet : elle couvre le domaine qui s'étend du violet visible jusqu'à la limite des rayons X. Avec la photographie à l'ultraviolet, les couleurs sont modifiées : les objets de verre paraissent opaques, le blanc de la porcelaine ou des fleurs devient noir. L'ultraviolet est utilisé pour photographier les insectes et les fleurs.
Le domaine d'emploi le plus important de la photographie à l'ultraviolet est celui des expertises et de la recherche de falsifications. Associé à la photo à l'infrarouge, l'ultraviolet permet de distinguer une perle fine d'une perle de culture, de déchiffrer des manuscrits lorsque l'écriture est pratiquement invisible ou de repérer les réparations sur un tableau, par exemple.

La photo aux rayons X : les rayons X traversent de nombreuses substances et sont plus ou moins absorbés par les différents constituants, ce qui se traduit sur une photo par une variation de l'intensité des gris. Les applications médicales de la photographie aux rayons X sont nombreuses et connues. Les rayons servent à explorer le corps humain par radiographie, radioscopie ou tomographie.
La photographie aux rayons X a également de nombreuses applications industrielles moins connues : contrôle non destructif d'organes de sécurité dans l'aviation, vérification des soudures, examen de la structure interne des objets (du circuit imprimé aux cuves des supertankers).

L'**image** est obtenue sur un écran cathodique. Les électrons traversent l'objet et, lorsqu'ils frappent l'écran, font apparaître un point lumineux.

Le **virus** de la grippe se présente comme une sphère hérissée de « piquants » (en orange sur l'image). La consistance du virus est marquée par l'intensité colorée.

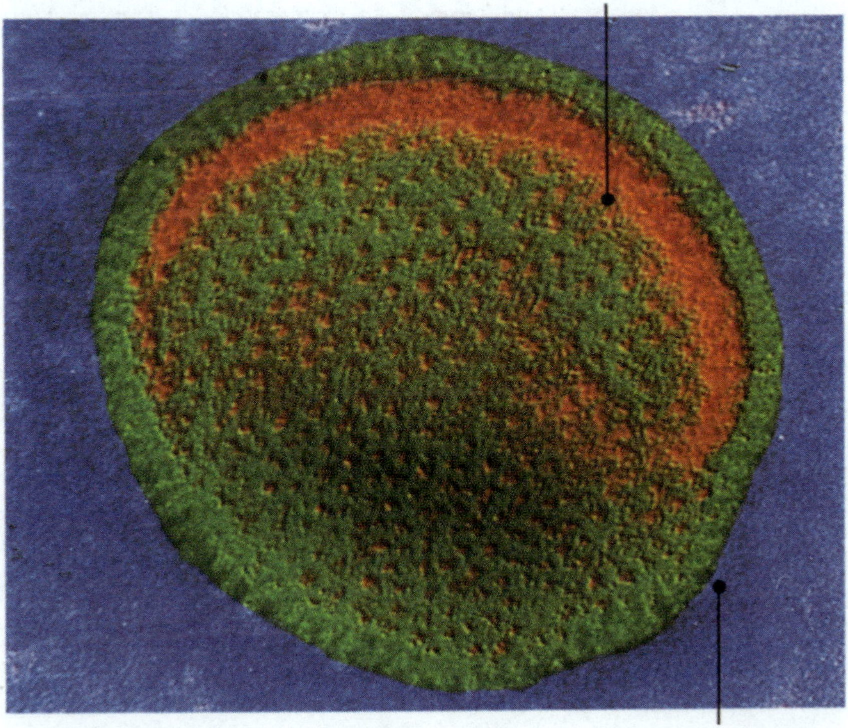

Une micrographie : seul l'usage d'un microscope électronique allié à un appareil de prise de vue peut donner une image aussi agrandie d'un virus.

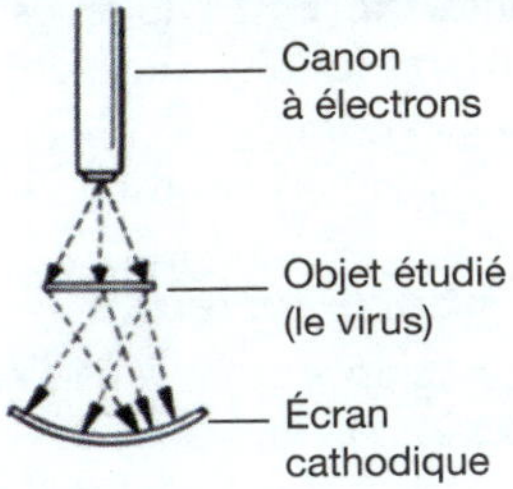

La **couleur** est artificielle. L'image donnée par le microscope électronique est en fait en noir et blanc. Elle est ensuite colorée sur ordinateur.

L'**électronographie** ne donne une information qu'au spécialiste qui peut déchiffrer les signes qui la composent. Le lecteur moyen y voit une construction que le jeu des couleurs rend plus ou moins esthétique. La structure du virus devient lignes de construction d'une composition abstraite. La vie de l'infiniment petit a disparu au profit de l'image figée.

La photographie aérienne

La maîtrise des airs alliée à la photographie permet aux scientifiques, aux militaires et aux cartographes de disposer d'un précieux moyen d'investigation : la photographie aérienne.

Technique

Les **appareils de prise de vue**, placés dans des trappes sous l'avion, photographient en continu. La vitesse de dévidement du film est calculée automatiquement selon la vitesse de l'avion. On photographie à l'aide de trois appareils : un appareil à la verticale et deux autres inclinés de 8°.

La hauteur du soleil doit être d'au moins 30° (les ombres sont moins gênantes).

La couverture nuageuse doit être inférieure à 10 % pour que les couleurs ne soient pas trop dénaturées.

Le couvert forestier peu dense du printemps est favorable à une vision précise du sol et les vents plus faibles provoquent moins de vibrations.

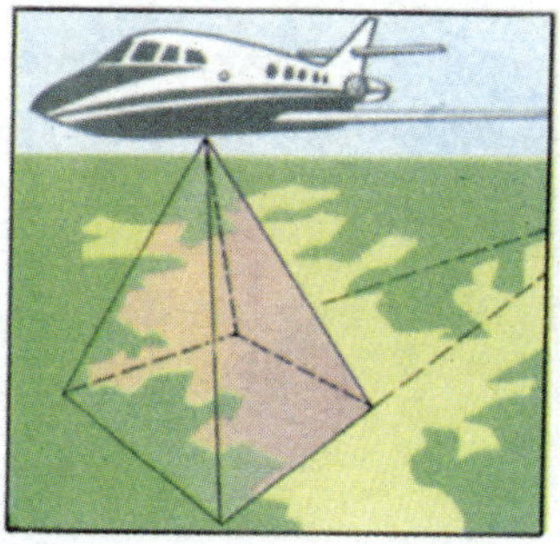

Développement

Les couleurs sont généralement différentes de celles de la réalité. En effet, les films sont sensibles au rouge et à l'infrarouge, et les filtres arrêtent les ultraviolets. Les feuillages sont bruns, roses, pourpres. Un feuillage vivant, un feuillage coupé, un camouflage peint apparaissent de couleurs différentes : le premier rougeâtre, les deux autres bleus.

Les utilisations de la photo aérienne

La réalisation de cartes : les géographes ont recours à la photographie aérienne pour dresser les cartes des régions d'accès difficile.

La surveillance militaire : les satellites espions permettent de faire des inventaires et des dénombrements complets des forces adverses.

La recherche scientifique : les biogéographes, le Service des eaux et forêts, la recherche agronomique ont recours aux photographies aériennes pour les études des sols et de la végétation. L'archéologie, la météorologie, l'astronomie, la géologie, l'hydrographie et bien d'autres sciences travaillent également à partir des informations des photographies aériennes prises par les satellites.

Cette image est une combinaison de plusieurs photographies prises par des satellites équipés d'instruments optiques capables de visées nocturnes. Le retraitement des prises de vue, leur combinaison minutieuse donnent cette vision spectaculaire des lumières de l'Europe. Les zones claires sont celles des fortes densités, les taches plus sombres révèlent les faibles densités de population.

Orienter l'image

La photographie renforce l'impression de réalité. Le lecteur croit d'autant plus à l'authenticité d'un événement que celui-ci a pu être enregistré sur une pellicule photographique et que le cliché apparaît immédiatement lisible. Toutefois, une même photographie peut prendre une signification différente en fonction de son cadrage, des images qui éventuellement l'environnent et, plus particulièrement, de la légende qui l'accompagne.

Le cadrage modifie la signification

Imposer une lecture dominante en éliminant des éléments parasites : le recadrage permet d'orienter rapidement l'œil vers un point fort de l'image. L'instantané qui enregistre une situation intense (accomplissement d'un exploit sportif, attitude inattendue et comique, scène de violence…) peut comporter des éléments qui perturbent la signification principale (objets placés malencontreusement dans le champ, regards portés vers des points divergents, éléments ambigus…). Un cadrage plus serré permet de supprimer les perturbations de l'attention et d'augmenter la lisibilité et l'intensité dramatique.

Montrer ou supprimer le contexte

Ce choix peut orienter l'intérêt. La photographie d'un nouveau président de la République peut être un plan large laissant apercevoir le lieu d'exercice des fonctions ou une photographie plein cadre décontextuée : toutes deux auront un rôle d'attestation mais la première valorisera la fonction et la seconde la personne. Si le choix se porte sur un cadrage en gros plan, ce seront la personnalité, le caractère qui prédomineront.

La **suppression de certains éléments de l'image** peut conduire à une véritable inversion du sens: la photographie d'un homme athlétique poursuivi par un individu braquant un revolver peut passer pour l'arrivée d'une course si un élément déterminant de l'image (le poursuivant armé) a été supprimé.

Une photographie prise par le photographe Matthews Naythons en 1978, lors d'une crémation de corps de combattants adverses effectuée par mesure d'hygiène à l'initiative de la Croix-Rouge, a été publiée par le *Figaro Magazine* en 1982. Sur le cliché original, on voyait les blouses blanches et le drapeau de la Croix-Rouge. Un cadrage serré limité au seul brasier a pu faire passer cette photo pour « preuve » d'atrocités mises sur le compte des Nicaraguayens. Le photographe a intenté un procès au magazine, qu'il a gagné.

La présence d'une seconde image contamine l'image précédente

Cet effet, découvert au cinéma (effet Koulechov), permet de produire une nouvelle signification qui dépasse celle de chacune des images confrontées. Il y a une contamination de la signification d'une image par la signification d'une autre.

Ces petits week-ends qu'on aime.
Juste l'effort de partir pour trouver le calme et revenir en forme.

La contamination d'une image par une autre image : cet effet, inventé par le cinéaste Koulechov, provoque une interprétation différente de l'image. Dans le premier montage, la voiture est un agréable moyen de transport alors que dans le second, elle devient un véhicule dangereux. Dans chaque cas, la légende fixe le sens suggéré par le montage.

Départs tragiques.
Accidents et drames, la liste est déjà longue : un appel général à la prudence s'impose.

La légende de la photographie

L'image seule peut susciter des associations d'idées différentes. C'est la légende qui réduit le nombre des connotations suggérées et impose la signification.

Fonctions principales

Elle peut avoir une fonction explicative. Une photo ne peut comporter, à elle seule, tous les éléments de l'information car ceux-ci sont en partie abstraits : noms des personnes et des lieux, dates, chiffres. C'est la légende qui complète l'information.

Elle peut orienter le lecteur dans l'interprétation du sujet. Lors d'événements survenus dans le Midi viticole, une photographie montrant un car de police visé par un homme en tenue de camouflage a pu être accompagnée de la légende : « Il faudra que nous prenions les fusils pour que Paris comprenne » (*Libération*), ou encore : « Des terroristes tirent et blessent un officier de CRS » (*Le Parisien libéré*). Dans aucun des cas, il n'y avait falsification, mais interprétation opposée de l'événement.

Elle peut falsifier en détournant abusivement l'image. Une photographie prise par le photographe Doisneau avec le consentement des personnes a d'abord été publiée sans légende, puis diffusée par des agences et publications diverses. La photographie, qui représentait une jeune fille s'entretenant au comptoir d'un café avec un professeur de dessin, a été publiée après d'autres avatars dans une revue à scandales avec la légende : « Prostitution aux Champs-Élysées ».

Importance de la nuance et du choix particulier des termes employés

ANALYSE DE LA LÉGENDE ACCOMPAGNANT LA PHOTO AP (voir ci-contre)					
	L'exploit	La persistance	La signification	La relativisation	L'épilogue
***Le Figaro* 06/06/1989**	À lui tout seul, cet homme a arrêté une colonne de chars	Chaque fois [...] l'homme se remettait en travers		pendant plusieurs minutes	*Non formulé (victoire implicite possible)*
***Le Quotidien* 06/06/1989**	Cet homme seul a réussi à arrêter [...] chars	jusqu'à ce que les passants finissent par le convaincre	sa révolte et son indignation	provisoirement ; par le convaincre de partir	Et les tanks ont repris leur route de mort
***Le Parisien* 06/06/1989**	les Pékinois n'ont pas cessé hier de défier [...] chars	l'homme qui n'avait pas bougé d'un pouce	la menace de la guerre civile gronde		Le tankiste a stoppé son monstre d'acier
***Libération* 06/06/1989**	Près de la place Tien An Men, un homme a bloqué [...] rue				Les occupants des blindés ont refusé le dialogue, sans tirer pour autant.

LA LÉGENDE EXPLICATIVE

Des **légendes explicatives d'une photographie** peuvent, par le choix des termes, provoquer une interprétation plus ou moins optimiste ou pessimiste d'un événement.

En Chine, en juin 1989, une violente répression s'attaqua aux manifestations étudiantes.

À lui tout seul, cet homme a arrêté une colonne de chars pendant plusieurs minutes près de la place Tien An Men. Chaque fois que les chars tentaient de le contourner, l'homme se remettait en travers. (Photo AP)

Le Figaro, 6 juin 1989.

Cet homme seul a réussi hier à arrêter – provisoirement – une colonne de chars. Debout, face aux tanks, il criait hier matin sa révolte et son indignation : jusqu'à ce que des passants finissent par le convaincre de partir. Et les tanks ont repris leur route de mort.

Le Quotidien, 6 juin 1989.

Malgré les massacres de dimanche qui auraient fait trois mille morts, les Pékinois n'ont pas cessé hier de défier l'armée, allant jusqu'à bloquer l'avancée des chars comme cet homme qui s'est jeté à la rencontre de la colonne de chars qui avançait dans l'avenue. Le tankiste a stoppé son monstre d'acier à un mètre de l'homme qui n'avait pas bougé d'un pouce… Mais la menace de la guerre civile gronde avec les rumeurs d'affrontements entre militaires dans les faubourgs de la capitale et les manifestations de colère dans les plus grandes villes de province.

Le Parisien libéré, 6 juin 1989.

Près de la place Tien An Men, un homme a bloqué hier une colonne de six chars en se campant au milieu de la rue. Les occupants des blindés ont refusé le dialogue, sans tirer pour autant.

Libération, 6 juin 1989.

Truquer, influencer, falsifier

Au début du xxe siècle, existaient de nombreux ateliers de retouchage dont le but était l'embellissement photographique. Cet usage s'est transféré à la photographie officielle jusqu'à devenir systématique sous les régimes totalitaires.

Les intentions

Forcer l'interprétation : on ajoute un élément qui permet de forcer le sens et de transformer l'interprétation d'une scène (exemple : une arme, pour suggérer l'agression), on rassemble des personnages issus de photographies différentes.

Éliminer : un des cas les plus fréquents de falsification consiste à supprimer d'une photo un personnage considéré comme dangereux ou même à nier l'existence d'un individu emprisonné ou clandestinement exécuté. Quand un gouvernement contrôle l'information, il dispose de moyens perfectionnés pour parvenir à cette fin : aux changements politiques correspondent des disparitions photographiques.

Les procédés

La **retouche** consiste à éliminer à la gouache les défauts dus aux grains de poussière et aux imperfections de la pellicule. On dessine la zone concernée en essayant d'imiter le grain de la photographie. Le retoucheur procède point par point à l'aide d'un pinceau et d'une encre spéciale. La retouche ne concerne alors qu'un exemplaire : le positif.

Le **détourage** s'effectue en laboratoire et consiste à isoler l'image en retirant le fond. Si l'on dispose de la gouache opaque sur un négatif tout autour du personnage que l'on veut isoler, on obtient ensuite un positif qui fait paraître le personnage sur fond blanc. On peut aussi utiliser une copie par contact du négatif. Cette copie, appelée « contretype », est retravaillée en tirage dur (très contrasté) et permet d'éliminer chimiquement une partie du sujet.

Le découpage : l'assemblage d'éléments empruntés à des photographies différentes relève de la technique du photomontage.
Dans certains cas, le photomontage cherche à restituer l'illusion photographique : on effectue un tirage de l'élément qui doit être rapporté, on gratte le papier pour l'émincer jusqu'à ce que ne subsiste que la gélatine de la photo, on colle cet élément sur une autre photographie, on retouche les bords pour cacher l'assemblage et on rephotographie l'ensemble.
Ce type de photomontage a été utilisé à des fins de propagande politique (exemple : la photographie de la période mussolinienne réunissant défilés de troupes au sol, avions dans le ciel et ruines romaines).

Le recadrage : à partir d'une image qui comporte plusieurs éléments informatiques, on effectue un nouveau cadrage qui isole un élément et élimine le reste. Le recadrage peut transformer le sens d'une photographie. Tous ces procédés de trucage photographique sont facilités par la photo numérique. Éliminations, retouches, détourages, recadrages et découpages ne sont plus repérables.

La disparition photographique. Jalousie du Führer ? Goebbels a disparu dans les feuillages. Très liée à Hitler, Leni Riefenstahl, présente sur la photo, passa pour avoir été la maîtresse de Goebbels.
Procédé : découpage d'un masque épousant la forme du personnage à supprimer, puis tirage permettant d'obtenir une découpe blanche à la place du personnage et retouche point par point des arbres et des feuilles.

Le roman-photo

Apparu en Italie après la Seconde Guerre mondiale, le roman-photo est une forme particulière de récit constitué d'une suite de photographies accompagnées de dialogues succincts et de commentaires.

La réalisation du synopsis

Le synopsis fixe la structure du récit (situation de départ, bouleversements, conséquences, péripéties, situations finales). Il envisage l'importance relative des différentes étapes de l'histoire et localise les événements.
Contraintes : choix de lieux accessibles ne nécessitant pas de déplacements excessifs, nombre de personnages limité, préférence accordée aux scènes en extérieur si l'on craint d'être confronté aux problèmes d'éclairage.

La réalisation du scénario et du découpage

Il s'agit de découper l'histoire en une série de scènes où sont précisés le décor, le moment (jour/nuit), les conditions météorologiques (pluie/soleil). On note le nom des personnages présents, leurs relations dans l'espace et les dialogues échangés.

La réalisation des clichés

Pour chaque image prévue, on effectue plusieurs clichés du même angle de prise de vue en jouant sur les variations d'attitudes et sur la diversité de l'échelle des plans. Cette démarche offre plusieurs avantages : on choisit, parmi les clichés réalisés, celui qui est le plus conforme à l'intention du scénario; on garde la possibilité d'allonger ultérieurement le récit en répartissant les dialogues sur des images voisines. On peut, si la nécessité s'en fait sentir, rompre la monotonie et ajouter une nuance expressive en diversifiant les plans.

Le maquettage

Le maquettage (format et disposition des photos dans la page) peut être globalement prévu dès l'écriture du scénario. La norme est généralement de 5 à 6 photographies par page. Les variations s'effectuent rarement en deçà de 4 et au-delà de 8. On réalise concrètement la maquette après la phase de prise de vue. Les formats rectangulaires sont disposés horizontalement et parfois verticalement dans la page, en fonction de choix esthétiques et expressifs. On peut renforcer l'intensité dramatique d'une photographie en la dotant d'un format supérieur au format standard ou privilégier une image qui apparaît particulièrement réussie.

LE ROMAN-PHOTO NUMÉRIQUE

L'encart diégétique, ou cartouche, présente des informations que l'image ne peut communiquer.

Photo principale

Le strip présente les photos précédentes et suivantes

Flèche de défilement des photos

Le numéro de la photo dans le roman-photo

Titre du roman photo

L'évaluation du roman-photo par les lecteurs

Les commentaires des lecteurs

Site www.girls.fr

Les arts graphiques

Les arts graphiques englobent l'ensemble des techniques utilisées pour transmettre un message en signes ou en images. Ils interviennent dans des domaines de plus en plus vastes, de la pochette de CD à l'étiquette, en passant par le logo.

Les origines et l'évolution

Période	Techniques et caractéristiques	Utilisées pour…	Artistes ou mouvements représentatifs
XVe siècle-début du XIXe siècle	Imprimerie (typographie, illustration, gravure).	Mettre en valeur le texte, créer un équilibre entre typographie, illustrations et blancs.	Geoffroy Tory (1480-1533)
Fin du XIXe siècle	Typographie, dessin, gravure. Style influencé par la gravure japonaise, marqué par l'ornement floral, les courbes.	Affiches culturelles et publicitaires, livres. Fabrication et ornementation des objets d'art, depuis les meubles jusqu'aux vases.	William Morris (1834-1896) **Art nouveau :** Alfons Mucha (1860-1939)
Début du XXe siècle	Apport de la photographie, du photogramme (photo faite sans appareil à partir d'objets posés sur la plaque photo), du collage.	Affiches publicitaires et politiques (dans un but de provocation ou de critique). Illustration de livres.	**Dada :** Max Ernst (1891-1976) John Heartfield (1891-1968) **Constructivisme :** El Lissitzky (1890-1941) Rodtchenko (1891-1956)
1920-1930	Typographie, photomontage. Style sobre et utilitaire commun à tout support (livres, affiches, etc.).	Intégrer l'art, trouver les formes les plus satisfaisantes, à la fois sur le plan esthétique et sur le plan fonctionnel.	**Bauhaus :** fondé en 1919 en Allemagne par Walter Gropius (1883-1969).

Les techniques actuelles

L'apport de procédés récents ouvre aux arts graphiques de nouveaux domaines de communication : communication d'entreprise (logotype), emballage, présentation de projets publicitaires…

L'aérographe : instrument projetant des couleurs liquides grâce à de l'air comprimé passant à travers un tube. Il est utilisé pour les retouches photographiques (accentuer des contrastes, renforcer les détails…), la fabrication de maquettes, l'illustration hyperréaliste (publicité, CD, livres…).

Le « *rendering* » : on utilise ce procédé pour présenter un produit sous son aspect le plus séduisant avant de le mettre en vente. On dessine le modèle, puis on place des pochoirs aux endroits voulus. On applique alors un mélange de pastel et de dissolvant qui se répartit sur le papier et donne des effets dégradés. On dessine enfin les ombres au marqueur sur le verso de la feuille.

Le numérique : les logiciels de traitement de l'image sont employés pour créer un rendu de trame plus agréable, mais aussi pour «améliorer» les couleurs naturelles des éléments représentés sur les affiches et les emballages.

Le logo : reconnaissable mais quelque peu différent de celui utilisé dans la gamme pour hommes. Il est plus raffiné, élancé et permet à la femme de se repérer.

Les **teintes** pastel sont évocatrices du résultat et des sensations que procure le produit : volutes et dégradés de bleus pour un résultat plus esthétique et plus sensuel.

La **photographie** montre le produit. Celui-ci est plus rond, plus « féminin » que le rasoir pour homme.

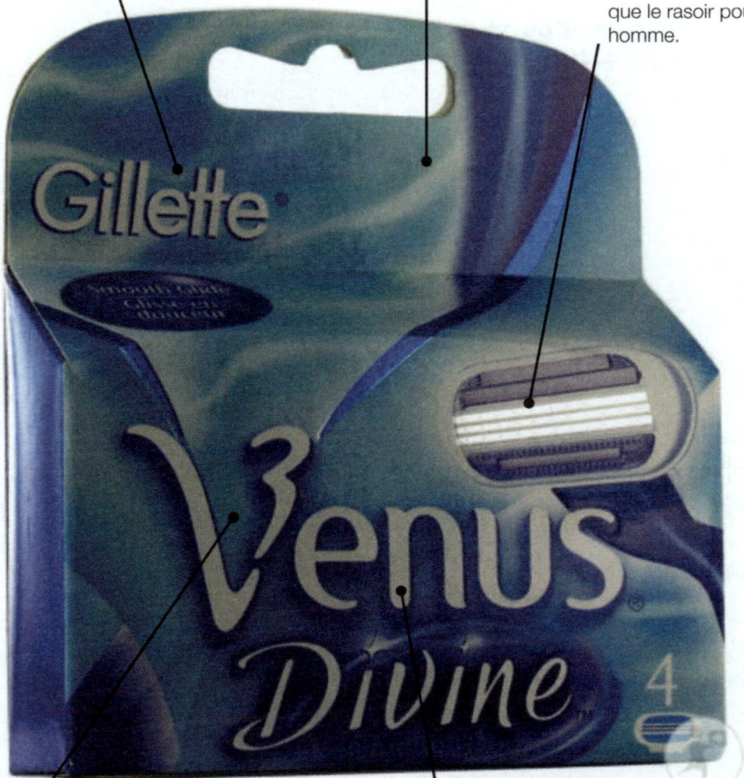

La typographie : le V décomposé en deux parties évoque à la fois la douceur et le satiné (courbe de la partie gauche) ainsi que les trois lames du rasoir.

La connotation : le nom évoque la déesse romaine de l'Amour, de la Séduction et de la Beauté.

L'alliance de différents procédés graphiques permet de proposer, pour une marque dont la cible est initialement masculine, un visuel plus facilement repérable par une clientèle féminine.

La typographie

La typographie désigne l'art de créer des caractères d'imprimerie et de les assembler pour former un texte. Née avec les débuts du livre, elle évolue avec les techniques d'impression.

Les caractères d'imprimerie

Le choix des caractères

– Considérations esthétiques : la police de caractère doit s'accorder avec le texte qu'elle composera. Une publicité pour un parfum ne peut utiliser des lettres trop lourdes, par exemple.

– Considérations techniques : le dessin des lettres s'adapte aux procédés de reproduction. Le support de l'impression joue aussi sur le choix des caractères.

Les sortes de caractères

– Les figures : les capitales (majuscules) sont utilisées pour mettre les mots en valeur. On les emploie souvent pour composer les titres. Les bas de casse (minuscules) sont appelés ainsi car ils étaient rangés dans le bas des casses (caisses) de caractères. Ils servent à composer le corps des textes.

– L'inclinaison : les caractères romains sont droits, verticaux. Les italiques sont des caractères inclinés vers la droite.

– Les graisses et les chasses :

Graisse \ Chasse	très étroite	étroite	normale	large
extra-maigre	Univers	Univers	Univers	–
maigre	Univers	Univers	Univers	Univers
demi-gras	**Univers**	**Univers**	**Univers**	**Univers**
gras	–	–	**Univers**	**Univers**
extra-gras	–	–	**Univers**	**Univers**

Certaines familles de caractères comportent une graisse appelée « supernoir ».

La mise en page

Les blancs

– Les espaces entre les lettres et les mots sont plus ou moins larges et sont choisis de manière à éviter trop de coupures de mots en fin de ligne.

– Les interlignes sont les blancs laissés entre les lignes. Ils peuvent modifier l'aspect du texte en le rendant plus ou moins compact.

La justification

C'est la longueur que l'on décide de donner à toutes les lignes d'un texte.

LES FAMILLES DE CARACTÈRES

ABCD

Bembo

Les **garaldes** sont des lettres élégantes et très lisibles. Les pleins et les déliés sont assez peu contrastés.

ABCD

Baskerville

Les **réales** ont des empattements discrets. Elles sont un peu plus étroites que les garaldes mais plus rondes que les didones.

ABCD

Bodoni

Les **didones** ont des empattements rectilignes qui accentuent leur verticalité. Les contrastes entre les pleins et les déliés soulignent cet aspect vertical.

ABCD

Rockwell

Les **mécanes** ont des empattements aussi gras que leurs verticales et leurs obliques. On les appelle aussi « égyptiennes ».

ABCD

Carousel

Les **normandes** sont des lettres extra-grasses. Leurs déliés sont très fins.

ABCD

Helvetica

Les **linéales** sont des lettres sans empattements. Elles sont très répandues dans la presse et l'édition pour leur bonne lisibilité.

Les garaldes sont des lettres inspirées par les caractères classiques de la Renaissance. Aux XVIIe et XVIIIe siècles, apparaissent les réales. Les didones, mises au point par Didot en France et Bodoni en Italie, ont été à la mode à la fin du XVIIIe siècle. Lettres du XIXe siècle, les mécanes, après avoir connu un certain succès dans la presse, sont tombées en désuétude aujourd'hui. Il en est allé de même pour les normandes. Les linéales, très en vogue depuis le milieu du XXe siècle, sont dérivées des recherches du Bauhaus en Allemagne.

Le collage et le photomontage

Le collage et le photomontage sont formés d'éléments graphiques divers, découpés et assemblés selon un nouvel ordre. Ils suscitent des rapports inattendus, amusants et parodiques.

Les intentions

Une démarche esthétique : une nouvelle image est composée par l'assemblage de fragments de figures déchirées ou découpées (dessins, gravures, coupures de catalogues, papiers de couleur, etc.).

Un effet de surprise : on mêle à la peinture des éléments qui lui sont étrangers, papiers divers, imprimés, tissus, etc. Ce qui compte, c'est l'objet usuel qui est placé dans la composition, le déplacement que l'auteur lui fait subir.

Donner une autre signification : les éléments assemblés sont détournés de leur contexte ; une fois composés, ils engendrent une nouvelle signification.

Transformer notre manière de voir : les éléments sont organisés pour nous montrer de nouvelles combinaisons entre eux, pour révéler « l'envers du décor ».

Les procédés

La transformation : on découpe dans une image un détail que l'on surimpose et colle sur la figure d'origine qu'on avait choisi de modifier. On peut ainsi créer un être hybride, mi-homme, mi-animal.

Le déplacement : on renverse le document initial qui sert de décor pour la construction du collage, puis on ajoute des figures qui vont achever de le transformer.

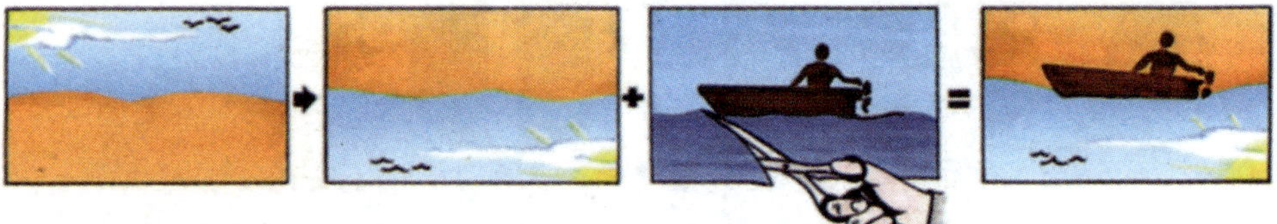

La répétition : on redouble une figure dans l'image en lui accolant sa réplique exacte préalablement découpée dans un document identique. On peut ainsi donner à un personnage son reflet, son double ou même le représenter monstrueusement avec deux têtes semblables.

L'association et le rapprochement : on assemble des éléments et l'ensemble provoque un nouveau sens jouant sur la surprise.

Exemple : pour représenter la « machinerie humaine », on peut rendre l'image d'un homme qui a dans le cerveau des machines, des engrenages.

La couleur : par l'adjonction d'une couleur vive, on rehausse un fragment important dans la mise en scène. On procède au moyen de feutres, de crayons de couleur, de peintures diluées que l'on applique sur la partie de l'image à mettre en couleur.

Exemple : visage rose et costume vert d'un chef d'État.

Collage de Jacques Prévert.

L'intention : la féerie.
Le procédé : découpage de gravures et collage des différents éléments sur une page de magazine représentant une fenêtre s'ouvrant sur un parc boisé.
L'association et le rapprochement : sur une image de départ destinée à servir de décor, apparaît la figure inattendue d'un personnage en train d'écrire sur lequel a été greffée la tête d'un cerf. Ces différents éléments mis en rapport créent un être mi-animal, mi-homme et donnent à l'image un côté féerique.

Le logo

Le logotype est un signe qui symbolise une entreprise ou un service. Il forme un dessin unique que l'on appelle aussi « monogramme ».

La recherche préalable

Avant de créer le logotype d'une entreprise, le concepteur mène une enquête.
La spécialité de l'entreprise : il inscrit les caractéristiques de l'entreprise en tenant compte des produits fabriqués ou des services vendus.
L'image vécue dans l'entreprise : il établit l'image que se font les salariés de leur entreprise. (Pour faciliter les réponses, il procède au jeu du portrait chinois.)
L'image de l'entreprise telle qu'elle est vue par le public : il procède à une enquête. Le jeu du portrait chinois est également appliqué. Il demande de compléter les affirmations :
– « Si l'entreprise était un animal, ce serait… » ;
– « Si l'entreprise était un minéral, un végétal, une forme géométrique, une odeur, une saveur, une musique, une couleur…, ce serait… ».
À partir des images dominantes qui ressortent de ces consultations, le concepteur travaille à la recherche du logotype.

Les lettres et la couleur

La **forme des lettres** donne une image de l'entreprise. Les lettres du logo sont dessinées par un graphiste qui choisit une typographie sobre.
La **couleur** sert à attirer le regard sur le logo. On choisit les couleurs qui contrastent fortement avec le fond sur lequel elles figureront :
– le bleu évoque la fraîcheur. Il est symbole de jeunesse, de pureté, de noblesse ;
– le vert, symbole d'espérance, évoque aussi la force et la longévité ;
– le jaune, couleur de la lumière et de la vie, est symbole d'éternité ;
– l'orange symbolise l'équilibre entre esprit et désir de s'accomplir ;
– le rouge, couleur de feu, symbole de la colère, entraîne et encourage ;
– le blanc symbolise la pureté et l'innocence.

Les symboles

Le détail : un dessin symbolique peut être choisi pour son rapport avec l'activité de l'entreprise. Le symbole vient parfois des figures des blasons.
L'animal : c'est la valeur symbolique de l'animal qui vient se superposer à l'image de l'entreprise.
Le végétal : son symbolisme est également associé aux entreprises; fleurs (attributs de la jeunesse et du printemps), feuilles (symbole de bonheur et de prospérité : le trèfle à quatre feuilles d'Alfa Romeo), fruits (la pomme d'Apple)…
Les figures géométriques : ces formes défendent soit les valeurs de l'entreprise, soit ses activités principales. Les chevrons de Citroën représentent le secret découvert par la firme pour la taille d'engrenages.

Les quatre anneaux représentent d'anciennes marques allemandes (Audi, Hörch, DKW et Wanderer AG), qui, en se regroupant, ont donné vie à cette entreprise automobile. Hörch utilise la traduction latine de son nom de famille... Audi !

L'origine du logo de la Caisse d'Épargne repose sur un récit d'origine, véritable petit mythe fondateur de l'entreprise. L'idée de ce symbole est venue à la suite d'un concours, lancé en 1942 par René Laurens, directeur adjoint du Bureau des Caisses d'Épargne, à son retour de captivité. Ce concours de contes et nouvelles était ouvert aux prisonniers de guerre français en Allemagne. Le premier prix fut décerné au prisonnier William Bate. Depuis son origine, l'iconographie a évolué. D'abord réaliste, de type bande dessinée des années 1950, elle devient géométrique dès 1965. Aujourd'hui les valeurs exprimées sont davantage fondées sur une dimension thématique : les figures géométriques symbolisent la rigueur, le sérieux, la fiabilité, toutes valeurs qui sont nécessaires à la gestion de l'épargne. Le récit a peu à peu disparu, remplacé par la technicité et la compétence.

L'origine du logo de Citroën remonte à une période avant même l'invention de la marque automobile. André Citroën, ancien élève de l'école Polytechnique, est un industriel qui dirige depuis 1913 une entreprise d'engrenages. La roue dentée est une invention mise au point par André Citroën après avoir observé son utilisation artisanale chez un serrurier en Pologne. Le pignon à chevrons, plus efficace et beaucoup moins bruyant que tout autre système, se révèle fiable et indispensable dans tout mécanisme d'entraînement. À la fin de la Première Guerre mondiale, André Citroën crée en quatre mois une société automobile. Celle-ci conserve le logo d'origine. Depuis 1919, le double chevron, en rappel des dents du pignon d'origine, orne tous les véhicules de la marque Citroën.

L'emblème choisi par Ferdinand Porsche représente les armoiries de la famille de Wurtemberg (bois de cerf et les couleurs du Duché). Au centre se trouve le blason de la ville de Stuttgart, le cheval cabré, siège de la firme depuis 1950. La première Porsche, le modèle 64, date de 1938 ; le logo n'a toutefois été dessiné qu'en 1952, il est apposé sur toutes les voitures de la marque dès l'année suivante.

L'étiquette

L'étiquette est un mode d'expression visuelle qui consiste à doter un produit d'une identité.

L'intention

Donner au produit une identité visuelle pour qu'il soit facilement repérable dans les rayonnages. Provoquer ainsi chez le consommateur un réflexe de reconnaissance, d'identification de la marque par rapport aux concurrents. Donner les informations nécessaires sur le produit pour convaincre le client de l'acheter.

L'illustration

Elle a une fonction d'information. Elle peut, dans certains cas, être une incitation à l'achat. La photographie permet de jouer sur les qualités propres au produit (la saveur, par exemple). Le dessin permet de privilégier l'imaginaire.

Le produit est mis en situation : il apparaît au premier plan et on visualise ainsi immédiatement sa composition.

Le produit est mis en scène : il renvoie à l'ambiance liée à sa consommation ou à sa production (un voilier, des palmiers évoqueront, par exemple, l'exotisme).

Le produit est simplifié, stylisé : l'utilisation d'un symbole permet d'associer l'image du produit à une qualité. Par exemple, l'image d'un arbre pour un produit laitier permet d'associer le lait à la nature. Utilisation d'un pictogramme: on représente de façon simplifiée un produit. On voit et on reconnaît ainsi le type de produit au premier coup d'œil.

Le produit fini n'est pas représenté : on montre les éléments qui entrent dans sa composition. Exemple : des fruits pour représenter une boisson fruitée.

La typographie

Elle a une fonction esthétique. Elle donne une certaine image du produit et suggère ce qu'il implique grâce au rapport qui existe entre le graphisme et son sens.

Exemples : une calligraphie orientale évoque le dépaysement et signifie l'exotisme du produit ; des lettres manuscrites renvoient à la tradition et donnent une note de saveur touchant au terroir, aux produits naturels.

La couleur

Elle attire le regard et joue sur des valeurs connues. Mise en aplat (c'est le fond de l'étiquette), elle renforce le sens de l'illustration. Elle obéit à un certain code :

– le noir virilise l'image, il accentue l'image haut de gamme du produit ;
– le vert, le bleu pastel communiquent la légèreté ou la fraîcheur du produit ;
– les couleurs vives évoquent le dynamisme et la jeunesse.

Elle informe et permet d'identifier un produit parmi une gamme de produits de la même marque : le fond change de couleur selon les produits, une bande au bas de l'étiquette ou un encadrement de couleur différente est adopté pour distinguer chaque gamme de produits.

L'ANALYSE D'UNE ÉTIQUETTE DE VIN

Les informations objectives

- Une gravure représente un château du XVIIIe siècle et évoque son parc.
- Les quatre chevaux devant le château et la tête du cheval dans le logo se réfèrent au haras de la Dame Blanche.

Les informations facultatives

La présence des chevaux montre l'importance qu'attache le propriétaire à son haras.

Tout ce qui facilite la perception du message

- L'utilisation des couleurs.
- Les règles de composition et d'équilibrage des différents éléments.

La fonction poétique

- Le format allongé de l'image (valeur descriptive).
- La ligne qui sépare le château et la pelouse coïncide avec le nombre d'or (π) pris du bas de l'étiquette.
- La disposition du logo sur une diagonale du carré reporté.
- L'utilisation des deux verticales obtenues par le report du carré pour délimiter les bâtiments et deux mentions (AOC « Appellation Haut-Médoc Contrôlée » et « Propriétaire »).

La couverture de livre

La couverture d'un livre a d'abord une fonction d'accroche visuelle. Puis elle transmet certaines informations sur le contenu du livre grâce au titre, à l'illustration et au texte. Elle doit inciter le lecteur à acheter l'ouvrage.

La première page de couverture

L'illustration

Elle peut soit illustrer le récit, soit suggérer une ambiance. Lorsqu'elle illustre, elle montre un événement du récit ou le personnage principal de l'intrigue. On peut ainsi relever, grâce à certains indices (vêtements, attitude, accessoires…), l'identité du personnage, son rôle dans le roman.

Lorsqu'elle suggère un climat, elle utilise une couleur (par exemple, le noir et le blanc pour un roman policier), un détail qui évoque l'atmosphère du livre.

Le texte de la couverture

Le titre peut évoquer le contenu du livre de manière concrète (titre informatif) ou plus imagée par une formulation qui séduit le lecteur et n'a pas de rapport direct avec le contenu (titre accrocheur).

Le titre informatif peut désigner le genre du texte (*Mémoires…*), donner des indications sur le héros (nom, prénom, qualité : *Todd Marvel, détective milliardaire* de Gustave Le Rouge), désigner l'action principale (*Bourlinguer* de Blaise Cendrars), désigner le lieu de l'action (*La Maison Tellier* de Guy de Maupassant), désigner le thème du livre (*L'Éducation sentimentale* de Gustave Flaubert).

Le titre accrocheur se construit en détournant une formule connue ou en faisant des jeux de mots.

La quatrième de couverture

Au dos d'un livre, on trouve des informations relatives au titre, à l'auteur, à l'éditeur. À ces informations, vient s'ajouter un texte de présentation de l'ouvrage.

On peut procéder de différentes façons selon l'information que l'on veut transmettre :
- reprendre un extrait du livre présentant les principaux personnages ou révélant l'atmosphère de l'intrigue. Cet extrait peut aussi permettre d'apprécier le style de l'écrivain ;
- résumer le récit : on dresse le portrait du héros en quelques lignes ou on le laisse s'exprimer pour mieux en faire saisir la personnalité ; on présente le(s) lieu(x) de l'action et on retient quelques faits ;
- présenter le récit de façon logique : on révèle ce qui a provoqué les faits, qui intervient, les conséquences, etc. ;
- analyser l'œuvre et le style de l'écrivain.

La quatrième de couverture

La première de couverture

Une présentation : un extrait de l'œuvre

L'auteur

Le titre

Citation (2e présentation)

Indications concernant la **distribution**.

La première de couverture est une illustration dont le thème s'inspire du titre de l'ouvrage : *La Main coupée* de Blaise Cendrars.
L'image a une importante fonction d'accroche qui joue sur la métamorphose monstrueuse du bras sectionné en une fleur sanglante. Ce dessin est l'illustration d'un des chapitres du roman : « Le lys rouge ».
L'extrait de l'œuvre figurant sur la quatrième de couverture renseigne en partie le lecteur sur l'époque de l'action du roman. L'adresse d'Henry Miller à Blaise Cendrars en laisse deviner l'atmosphère.

La pochette de CD

À l'origine simple protection, la pochette de CD est devenue un emballage accrocheur par lequel débute la découverte du CD.

Son intention

Accrocher le regard du client et susciter son intérêt, par l'illustration, la couleur, le matériau utilisé.
Informer le consommateur sur le contenu : interprète(s), titres, style musical, etc.
Mettre en valeur le produit et l'image de marque du chanteur ou du groupe par l'aspect visuel basé sur l'association image-typographie.
Présenter un produit original et esthétique (non téléchargeable) grâce au Digipack : packaging carton formé de plusieurs volets imprimés et qui contient un ou plusieurs CD.

Affirmer un style

Chaque type de musique impose un style de pochette qui développe des thèmes et des références liés à l'univers musical. Exemple : dans la musique rock, la période punk a privilégié les pochettes d'aspect « sale » aux illustrations semblables à des photocopies et aux lettrages semblables à des signes découpés dans les journaux.
Dans le même domaine, le hard-rock a développé des images liées à la violence, au satanisme. Le style de la pochette permet à l'acheteur d'identifier plus rapidement le produit et de lui accorder sa confiance s'il juge l'image conforme à ses goûts.

Illustrer la musique

La mise en scène : on représente l'interprète et/ou les musiciens placés dans un milieu qui évoque l'univers qui leur est propre. La mise en scène permet de se faire une idée immédiate du genre de musique proposé.
Les références culturelles : on utilise la représentation d'un tableau, d'une photographie, d'une gravure dont l'atmosphère est proche de celle du CD.
La parodie : on détourne des références culturelles par le biais du collage, du photomontage. Ce procédé permet d'intriguer et d'amuser, il peut aussi évoquer la démarche des musiciens (subversion, humour…).
L'abstraction : on représente visuellement la musique sans références explicites à l'artiste. On utilise une couleur, des figures géométriques, la typographie pour mettre en valeur une ambiance ou une identité liée à la musique.

Le texte

Les informations obligatoires : le label ; le copyright, indiqué par un © (droit de l'éditeur sur l'œuvre) ; l'année de commercialisation ; le numéro du CD au catalogue.
Les informations facultatives : les titres des chansons ou des instrumentaux ; les informations complémentaires sur le(s) interprète(s) ; les conditions de réalisation (date et lieu d'enregistrement, producteur) ; les textes des chansons ; les dédicaces et les remerciements.

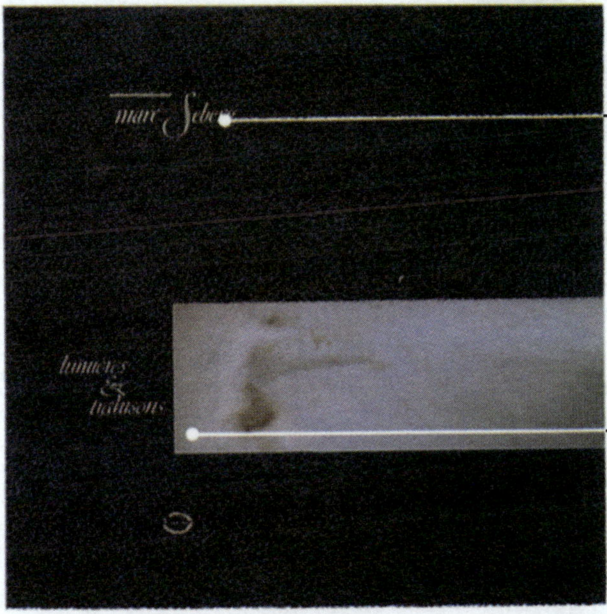

Le **titre** et le **nom du groupe** utilisent une même calligraphie. Ils se détachent sur un fond bleu dont l'aspect granuleux évoque la couverture d'un livre précieux.

L'illustration : l'image d'une ballerine vaporeuse symbolise le thème commun à la plupart des titres (la lumière). Sa clarté, contrastant avec le bleu de la pochette, renvoie aussi à l'opposition affichée par le titre : *Lumières et trahisons.*

L'**illustration** a pour objet de permettre l'identification des membres du groupe.

Les **informations facultatives** donnent les titres qui composent le disque.

Les **informations obligatoires** indiquent les références de l'album au catalogue, le label, le copyright et l'année de sortie.

Marc Seberg, *Lumières et trahisons,* Virgin 70515, © 1987.

L'affiche

L'affiche illustrée est utilisée dans des domaines bien différents : politique, culture, etc. Dans tous les cas, c'est un moyen de communication qui vise avant tout à séduire et à informer.

Les origines

En 1477, William Coxton réalise la première affiche (1,30 × 0,70 m), en caractères d'imprimerie, sur les cures de Salisbury. Jusqu'au début du XIXe siècle, les affiches sont de petit format, en noir et blanc, et l'illustration reste rare.

L'évolution de l'affiche

Période	Caractéristiques	Exemples
Début du XIXe siècle	Affiche à caractère culturel, telle que l'affiche de librairie. Elle montre des spécimens de l'illustration du livre ou agrandit le frontispice.	*Le Diable boiteux* de Tony Johannot (1803-1852) *Œuvres complètes de Rabelais* de Gustave Doré (1832-1883)
Fin du XIXe siècle (après 1875)	Affiche de spectacle et affiche publicitaire en couleurs. L'image de la femme est utilisée comme argument de vente.	*Le Théâtrophone* de Jules Chéret (1836-1932)
1890-1900	Affiche « Art nouveau ». Style privilégiant les aplats, les courbes. Omniprésence de la femme.	*La Dame aux camélias* d'Alfons Mucha (1860-1939)
Début du XXe siècle	Conception moderne de l'affiche publicitaire. Personnage réduit à des formes simples et associé au nom d'une marque.	*Le Pierrot cracheur de feu* et *La Ouate thermogène* (1909) de Leonardo Cappiello (1875-1942)
1914-1918	Affiche de propagande. Vise à soutenir l'effort de guerre par la mise au point d'un répertoire de slogans.	*L'Oncle Sam*, le doigt tendu vers le passant pour le convaincre de s'engager dans l'armée américaine, de James M. Flagg (1877-1960)
Entre-deux-guerres	Affiche s'inspirant des recherches du Bauhaus (Allemagne) et du constructivisme (URSS). Elle exprime un maximum de lisibilité avec un minimum de moyens. Elle privilégie la typographie, la géométrie et le photomontage.	*L'Étoile du Nord* (1927) de Cassandre (1901-1968) *Saint Raphaël* (1937) de Charles Loupot (1892-1962) *Pneumatik* (1926) de Laszlo Moholy-Nagy (1895-1946)
Années 1950	Formes simplifiées et stylisées aux couleurs vives. Gags visuels dans les affiches publicitaires.	*La Vache Monsavon* de Raymond Savignac (1907-1989)

LES PRINCIPALES ÉTAPES DE CRÉATION DE L'AFFICHE PUBLICITAIRE

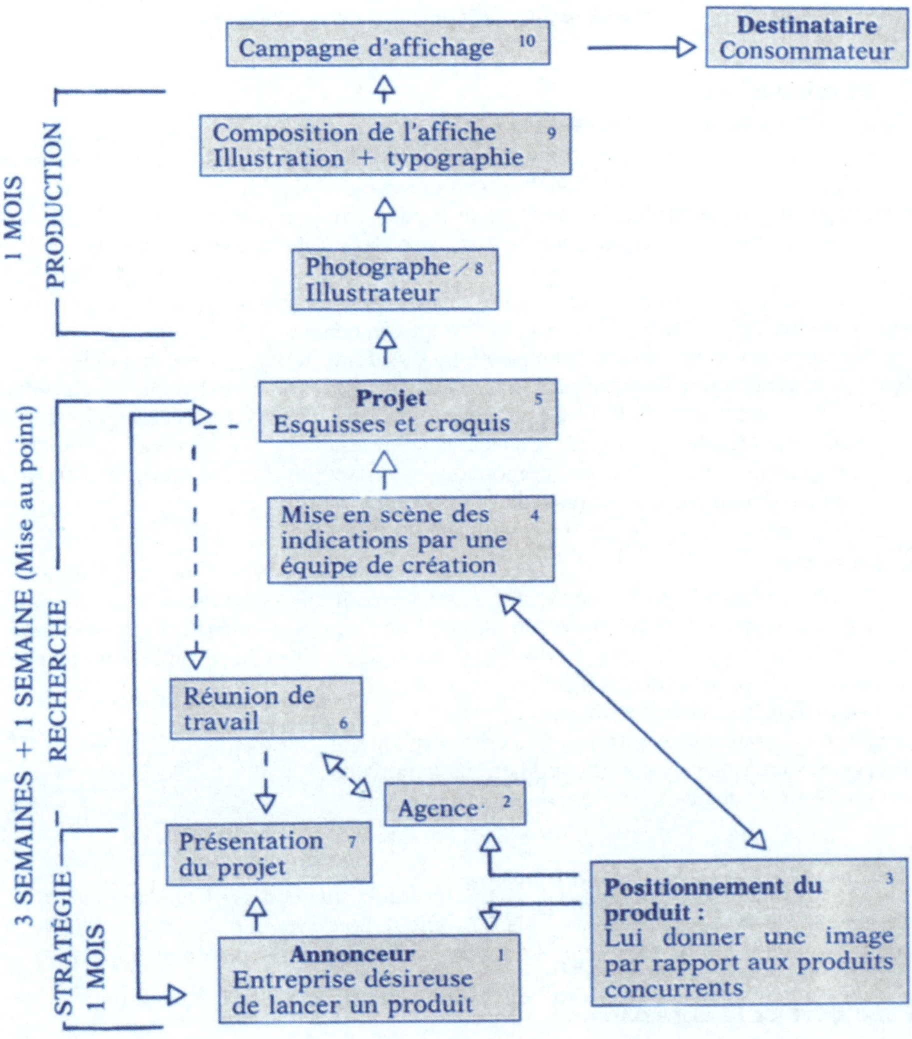

L'affiche publicitaire

L'affiche publicitaire doit susciter l'intérêt du lecteur (la cible). L'efficacité de son message repose sur le pouvoir de l'image combinée à d'autres éléments (titre, texte, slogan...).

La mise en scène

La mise en situation : on représente le produit dans un univers séduisant et prestigieux. Ce procédé est utilisé pour mettre en valeur les propriétés spécifiques du produit ou pour faire imaginer combien la vie sera facilitée par son usage.
L'exagération, l'hyperbole : on présente le produit dans un univers extraordinaire. On l'utilise pour magnifier les satisfactions promises. Exemple : une boisson à consommer avec des glaçons est versée sur des icebergs.
La réserve : on présente le produit en majesté, dans un cadre caractérisé par son vide. La réserve permet de valoriser le produit en le montrant sans un seul commentaire, de marquer son exclusivité par rapport aux concurrents. Exemple : représenter une automobile par son sigle.
L'écart par la référence inattendue : un élément visuel (une situation habituelle) ou verbal (un proverbe) bien connu du lecteur est détourné de son sens par une légère modification. Ce procédé crée un effet de surprise et facilite la mémorisation grâce à l'identification de la référence originale. Exemple: pour promouvoir un canapé, on met en scène un patient à l'aise et un psychanalyste mal en point.

Le texte

Il explique, il prouve la promesse de la mise en scène. Il doit persuader.
Il utilise la comparaison qui établit un rapport entre ce dont on parle et quelque chose qui lui ressemblerait, et qui permet ainsi de transférer les qualités du second sur le premier. Il utilise aussi l'hyperbole qui exagère l'expression.
Il utilise différents types de phrases :
- des phrases énonciatives pour juger, décrire, expliquer, raconter ;
- des phrases interrogatives pour exprimer une hypothèse ;
- des phrases exclamatives pour exprimer un sentiment.

Le slogan

Il résume les principaux arguments publicitaires et attire l'attention. C'est une formule brève, facile à retenir, souvent située à côté de la signature. Il peut évoquer une caractéristique du produit auquel il se rapporte ou prendre à partie le lecteur (par apostrophe, impératif).

Le titre et la signature

Le **titre** attire rapidement le lecteur, accroche son intérêt, par l'écart (en disant le contraire de ce que le lecteur s'attend à voir), par l'hyperbole, l'exagération.
La **signature** rappelle le nom de la marque. Elle sert à identifier le produit. Elle est située en bas de page à droite (où on signe).

L'accroche : au même titre que l'image, elle interpelle le lecteur sous la forme d'un QCM et vise à le responsabiliser, à en faire un « écolo-citoyen ».

L'illustration : elle met en scène la campagne de sensibilisation lancée par le WWF : le risque de disparition de la forêt tropicale.
Elle est construite sur des contrastes qui s'établissent entre le premier plan : le lecteur décontracté allongé sur sa chaise longue en bois exotique, le deuxième plan : une étendue plane et déserte juste ponctuée de souches d'arbres coupés, et un troisième plan, qui montre à l'horizon ce qui demeure encore de la forêt tropicale.

Le logo de l'association et la signature : le panda de la WWF (World Wildlife Fund), que l'on reconnaît au premier coup d'œil.

Le texte et le slogan : le texte (une seule phrase) fournit les informations nécessaires pour un achat responsable. Le slogan vise à impliquer le consommateur (utilisation du pronom « je »).

Une publicité commerciale effectue la promotion d'un produit ou d'un service et cherche à convaincre que ce produit ou ce service est le meilleur. Dans l'humanitaire, il s'agit de faire la promotion d'une association (ou d'une cause) qui intervient dans un domaine particulier et de mettre en évidence l'importance de cette action : défense de certaines valeurs, intervention au profit du plus grand nombre, réduction de l'injustice, etc.
Le WWF a choisi de présenter une campagne fournissant toutes les informations nécessaires pour un achat responsable, notamment en achetant des produits en bois labellisés FSC, seul label qui garantit une bonne gestion forestière, respectant l'homme et la nature.

L'affiche politique

L'affiche politique est polémique. Elle répond à l'adversaire. Elle tente de se différencier des affiches adverses malgré des ressemblances. Elle cherche à impliquer son lecteur.

L'implication de l'électeur

L'affiche politique est destinée à mobiliser les adhérents d'un parti et à trouver de nouveaux sympathisants. Ces personnes doivent se retrouver dans l'affiche.

L'image : le lecteur peut être impliqué par la présence d'un groupe symbolisant sa catégorie sociale, sa tranche d'âge… L'image procède selon un mécanisme d'identification.

Le texte : les pronoms « vous », « vos » et l'emploi de l'impératif pluriel sont également un moyen de faire réagir le lecteur : « Soyez vigilant ! »

L'identification du candidat

L'image : le portrait du candidat sert de faire-valoir et souvent de programme. Lorsque le candidat est un notable, sa seule photo suffit. S'il est novice, ou en position difficile, il figure accompagné d'un responsable national.

Le texte : le nom du candidat, le sigle du parti politique ainsi que le logo servent de signature.

L'événement

L'affiche renvoie à un événement qui se situe à un moment donné de la vie politique. Son rappel est parfois implicite :

– le titre de la fonction : « Un vrai Président » (élection présidentielle) ;
– le domaine de responsabilité : « Chirac pour Paris » (élection municipale)… ;
– la date parfois : « Gagnons le 16 mars ». La date renvoie à un événement connu.

Le message de l'affiche

Les thèmes dominants : l'avenir, la nouveauté ou le changement, l'espoir figurent dans les affiches. Si le candidat se présente, c'est pour améliorer une situation qu'il juge mauvaise ou inachevée.

Les valeurs constantes : la vérité, la justice, la générosité, l'effort, la liberté, la fraternité sont des valeurs qu'on retrouve dans les affiches.

Les codes de l'affiche

Le code de l'image : le vêtement, l'attitude, le plan utilisé, le décor ne sont pas choisis au hasard. Ils seront interprétés par les lecteurs.

L'utilisation des couleurs : le rouge évoque la révolte ; le bleu est signe de tranquillité, de savoir, de compétence ; le blanc de pureté ; le vert d'espoir.

La place du texte : au-dessus ou en dessous de l'image, encadrant l'image. Le slogan correspond à une attente. Il semble aller de soi.

Cette affiche politique concerne le référendum proposé par le général de Gaulle en 1958 pour une nouvelle Constitution.

L'électeur est symboliquement présent à travers le dessin de la France et les couleurs du drapeau national.

Le bénéficiaire de cette campagne est nommé. Il s'agit de la France et de Charles de Gaulle. Le V que dessinent les « oui » est celui de la victoire.

La nature de l'élection est indiquée par la répétition des « oui ». C'est un référendum.

Le message est constitué par l'assimilation entre le « oui » à la France et le « oui » à de Gaulle.

Les trois couleurs sont déployées comme un drapeau dans le ciel bleu. Elles sont rappelées en bas.

La construction en perspective suggère un cri lancé du fond du pays vers l'électeur.

L'affiche cinématographique

L'affiche cinématographique a pour fonction, non seulement d'informer, mais aussi de frapper l'imagination en proposant une vision suggestive du film. Son évolution témoigne de celle du cinéma lui-même.

L'évolution

Début du XXe siècle et cinéma muet : dès les années 1900, la firme Pathé-Gaumont possède ses ateliers de création et d'imprimerie. Des rapports privilégiés sont entretenus avec les artistes, mais le contrôle est effectué par l'industrie. La caricature est fréquente et correspond à l'importance des films comiques qui sont alors produits.

1929-1950 : aux États-Unis, c'est la période dite du « *starsystem* » (vedettariat).

L'affiche est alors d'autant plus vivement colorée que le cinéma est en noir et blanc. Les affichistes sortent des écoles d'arts appliqués et constituent, pour la plupart, le noyau qui organisera plus tard la profession de la publicité.

Depuis 1950 : les affichistes abandonnent progressivement les représentations réalistes, jugées trop naïves, au profit d'une image clé du film à laquelle ils confèrent une signification symbolique.

Les différents types d'affiches cinématographiques

	Caractéristiques	Exemples
L'affiche caricature	Utilisation fréquente du dessin ou du photomontage (théâtralisation des attitudes).	Affiche de Boris Grinson (1933) pour *Knock*, mis en scène par Louis Jouvet. L'affiche associe dessin (scène burlesque où l'ancien médecin va subir une piqûre) et élément photographique (présence narquoise de Knock).
L'affiche du *starsystem*	Le visage de l'acteur est valorisé par des moyens techniques et graphiques. Il occupe une part importante de l'image.	L'affiche américaine du film de George Stevens, *Giant* (*Géant*) présente les visages d'Elizabeth Taylor, Rock Hudson et James Dean disposés de haut en bas, symétriquement au titre du film écrit verticalement.
L'affiche réaliste	Choix d'une scène du film réunissant un grand nombre d'informations.	L'affiche non signée de *Pépé le Moko*, de Jean Duvivier, évoque une scène du film où l'acteur principal (Jean Gabin) apparaît au premier plan, tandis qu'au second plan, interviennent les comparses et que l'arrière-plan (architecture, femmes voilées) est révélateur du contexte.
L'affiche symbolique	Tendance à l'abstraction.	L'affiche de B. Villemot pour *La Tête contre les murs*, adaptation du roman d'Hervé Bazin (1959), présente, dans la diagonale de l'image, une silhouette en déséquilibre dans un espace cubique qui l'enserre.

La scène symbolique.
Le vampire emporte sa proie. On aperçoit par la fenêtre en ogive le bateau qui l'amena ainsi que les montagnes des Carpates et les tours du château.

La thématique.
Fascination de la mort (orbites creuses, crâne, ongles-griffes, lianes souterraines), désir (abandon de la femme, geste qui menace et protège).
Vampirisme (dent, forme diabolique de l'oreille, chauve-souris, pieu...).

L'effet esthétique
Violence dramatique des *oppositions colorées* (noir, blanc, rouge).
Contraste entre courbes et angles (forme de l'ogive, caractère gothique des lettres).

La composition symétrique
forte diagonale qui isole l'homme de la femme.
Répétition de motifs.

L'affiche de cinéma cherche à transmettre un message en jouant sur plusieurs codes.

Le film

L'élaboration d'un film comporte plusieurs phases qui vont de la conception plus ou moins élaborée du projet à sa réalisation et à sa diffusion. En raison de l'importance des moyens techniques et humains mis en œuvre, chacune des étapes est rigoureusement définie.

Le projet

Le **synopsis** traduit sommairement (de quelques lignes à quelques pages) l'idée générale du film.

Le **scénario** développe le synopsis. Il précise, scène par scène, le déroulement et les péripéties de l'histoire, fixe le lieu et l'heure de chacune des scènes, précise les attitudes et la psychologie des personnages, indique les dialogues.

Le **découpage** (en anglais, *story-board*) enrichit le scénario de toutes les indications techniques nécessaires au tournage du film : objectif utilisé, types d'éclairage, angles de prise de vue, échelle du plan, mouvements de la caméra, effets particuliers...

La réalisation

Le **repérage des lieux** du tournage permet de confronter les hypothèses du scénario à la réalité concrète. C'est alors que sont déterminés les choix précis du décor (choix et modification éventuelle des décors naturels, construction de décors artificiels). L'ensemble des moyens nécessaires à la réalisation du film est précisé : type de matériel de prise de vue, systèmes d'éclairage...

Le **plan de tournage**, ou plan de travail, est la traduction écrite des décisions effectuées au repérage. Il définit, jour après jour, les séquences de plans à réaliser, fixe les dates et heures du travail, mentionne les noms des comédiens et des techniciens concernés, indique le matériel nécessaire...

Le **tournage** du film correspond à la phase de réalisation effective. La personnalité du metteur en scène et le sujet du film retentissent sur les formes et le rythme du travail. Certains réalisateurs (tel Hitchcock) suivent très précisément le plan du tournage établi dans ses moindres détails. D'autres (dont Lelouch) accordent une part importante à l'improvisation et modifient les décisions initiales. En règle générale, on filme le plan et l'angle prévus jusqu'à ce que la qualité technique du plan et le jeu des acteurs soient satisfaisants. La scripte note les références des plans retenus. Chaque soir, les films sont envoyés au laboratoire. Les images développées (ou *rushs*) sont visionnées quotidiennement, ce qui permet de recommencer éventuellement les scènes défectueuses.

Le montage et la postproduction

La bande-son et la bande-image sont synchronisées puis assemblées dans l'ordre prévu par le découpage.
Si plusieurs sons doivent se superposer, il faut monter des bandes différentes. Ils sont ensuite mélangés (opération de mixage) et reportés sur une seule bande (pour un enregistrement en monophonie) ou sur deux bandes (stéréophonie).

LE PLATEAU DE TOURNAGE DU FILM *LES OISEAUX* (1963)

Le tournage du film Alfred Hitchcock, au centre du plateau, dirige ses acteurs. Les oiseaux sur le toit de la maison sont en fait empaillés. Mais la scène à réaliser est celle de la fuite : c'est l'actrice qui, en se sauvant, donnera l'impression du mouvement que le déplacement latéral de la caméra accentuera imperceptiblement. Les lumières et les ombres ajouteront une ambiance inquiétante et menaçante à la scène.

Les mouvements de la caméra

Aux origines du cinéma, les prises de vue cinématographiques étaient effectuées uniquement en plan fixe, c'est-à-dire sans déplacement de la caméra. Le réalisateur Griffith a, le premier, rompu avec cette pratique en déplaçant la caméra.

Le panoramique horizontal

La caméra pivote autour d'un point fixe (pied de la caméra ou épaule du cadreur).
Fonction éventuelle : décrire un paysage dont on suit la ligne d'horizon.

Le panoramique vertical

La caméra pivote verticalement (de bas en haut ou de haut en bas).
Fonction éventuelle : ménager un effet de suspens en découvrant progressivement un personnage par un mouvement continu allant des pieds au visage.

Le travelling

La caméra se déplace suivant une trajectoire définie. Elle peut être simplement posée sur l'épaule du cadreur (travelling-épaule) ou placée dans un véhicule (chariot de travelling). Le travelling a une fonction descriptive. Il peut aussi permettre d'évoquer ce que perçoit un personnage (travelling subjectif).

Le travelling avant

La caméra s'approche graduellement du sujet filmé.
Effet: le sujet est mis en valeur. Il est peu à peu isolé du reste de la scène. Le travelling avant peut aussi suggérer un sentiment (tension intérieure) du personnage filmé.

Le travelling arrière

La caméra recule graduellement.
Effet : l'importance du sujet est relativisée tandis que le décor et parfois d'autres personnages sont révélés au spectateur. Le travelling arrière peut introduire un élément explicatif (exemple : phénomène justifiant l'anxiété du héros). Il peut également souligner une correspondance ou une opposition entre le personnage et le contexte.

Le travelling optique ou zoom

La caméra ne se déplace pas mais est équipée d'un objectif à focale variable qui donne l'illusion du travelling. Le zoom est employé chaque fois que l'on cherche une grande rapidité d'exécution (reportage ou documentaire).

Le plan-séquence

Il combine successivement ou simultanément différents mouvements de la caméra et présente une seule séquence dans un seul plan.

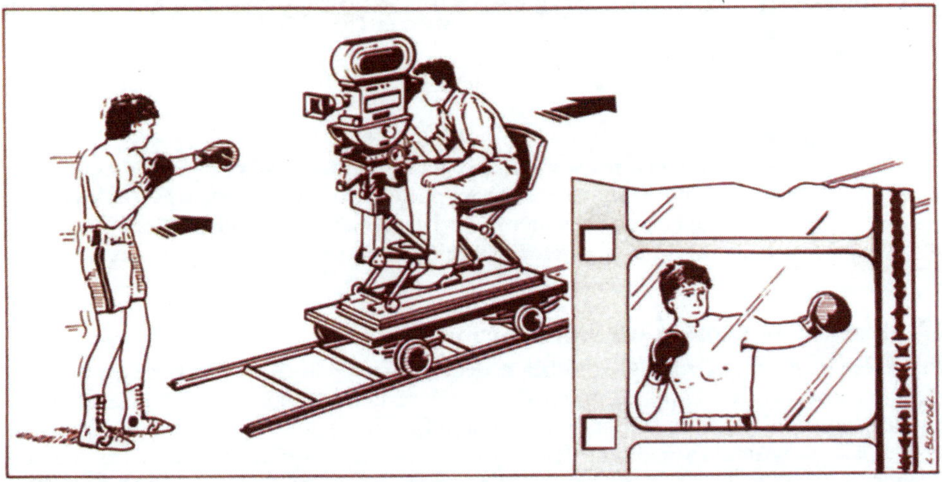

Le travelling d'accompagnement

Caméra et sujet filmé se déplacent en même temps. Le travelling d'accompagnement peut s'effectuer selon un mouvement latéral, avant ou arrière.

Effet : il permet de suivre un personnage et renforce l'illusion de la réalité.

Le travelling latéral

La caméra se déplace latéralement (sur le côté).

Effet : le travelling latéral peut permettre de présenter successivement plusieurs personnages (exemple : troupe passée en revue) ou de changer de point de vue à l'intérieur d'une même scène.

Les effets spéciaux de caméra

Le recours aux effets spéciaux remonte aux origines du cinéma : tout y est artifice et tout paraît vrai. Découverts très tôt, les effets spéciaux de caméra sont l'arrêt caméra ou substitution, la marche arrière, le ralenti, l'accéléré et le tournage vue par vue.

L'arrêt de caméra ou substitution

Procédé : c'est par hasard que G. Méliès le découvrit. Il raconte : « Un blocage de l'appareil dont je me servais au début [...] produisit un effet inattendu, un jour que je photographiais prosaïquement la place de l'Opéra ; une minute fut nécessaire pour débloquer la pellicule et remettre l'appareil en marche. Pendant cette minute, les passants, omnibus, voitures avaient changé de place. En projetant la bande ressoudée au point où s'était produite la rupture, je vis subitement un omnibus Madeleine-Bastille changé en corbillard et des hommes changés en femmes. » (G. Méliès, *Revue du cinéma*, 15 octobre 1929) Le truc par substitution, dit «truc à arrêt», était trouvé.
Effets recherchés : rupture comique, effet fantastique.

La marche arrière

Procédé : on filme le mouvement inverse de celui que l'on veut montrer (exemple : saut de haut en bas pour évoquer un bond prodigieux de bas en haut) et on monte le plan à l'envers (la fin du mouvement correspond au début du plan).
Effets recherchés : évoquer visuellement un mouvement difficile à concevoir, même par un cascadeur (utilisation fréquente dans les films de science-fiction dont les héros sont dotés de pouvoirs supranaturels), suggérer une scène impossible à réaliser (exemple : pour représenter l'invasion de nuages de sauterelles, on a utilisé ce procédé et propulsé des grains de sable).

Le ralenti

Procédé : on tourne à raison de 48 à 96 images/seconde un plan que l'on projette ensuite à vitesse normale (24 images/seconde).
Effets recherchés : souligner la violence en prolongeant un moment de tension extrême ou introduire une explication en décomposant le geste (vues sportives). Ce procédé a parfois une fonction esthétique (clip vidéo).

L'accéléré

Procédé : on filme 8 ou 12 images/seconde et on projette à 24 images/seconde.
Effet recherché : comique, souvent utilisé dans les premiers films.

Le tournage vue par vue

Procédé : les images sont espacées d'une seconde ou plus. C'est l'expression limite de l'accéléré.
Effet recherché : ce procédé est souvent utilisé dans un but explicatif (cycle de la germination, éclosion d'une fleur, décomposition d'un corps organique).

LES CAMÉRAS 3D

Pour recréer l'illusion du relief, les caméras ont été dotées d'un double objectif qui enregistre la même scène avec le léger décallage qui correspond à celui de nos deux yeux.

La caméra 3D RCS

C'est le « *reality camera system* » ou RCS. Cette caméra est capable de filmer avec les objectifs en parallèle, en convergence, et avec des distances interoculaires que l'on peut changer sans problème.

La caméra Fusion 3D

Il fallait que les moteurs qui déplacent les objectifs soient plus rapides, plus silencieux, que l'on puisse changer la distance interoculaire et améliorer le logiciel de pilotage de la RCS.

Il existe deux modèles de caméra Fusion 3D : sur l'un, les corps des deux caméras sont situés côte à côte, tandis que sur l'autre le corps d'une caméra est en position horizontale, l'autre en position verticale.

« Nous travaillions alors avec le procédé Simulcam, et quand j'ai eu l'occasion de l'utiliser pour la première fois, et de voir la simulation en synthèse et en relief des personnages et des décors, en temps réel, j'ai vraiment eu l'impression de devenir le personnage dont je filmais le point de vue. Il s'agissait d'un plan où Neytiri pointe le bout de sa lance vers Jake, qui est allongé sur le sol. Je me suis donc allongé avec la caméra sur le sol, dans la position de Jake, et je voyais Neytiri devant moi, ainsi que le bout du genou de Jake, en bas de l'écran. Comme j'avais l'impression que c'était mon genou à moi, je l'ai baissé, mais le genou dans l'image n'a pas bougé, puisque c'était celui de Jake, enregistré lors d'une précédente capture de performance ! Voilà le degré d'immersion que l'on atteint quand on tourne avec ce procédé ! On entre réellement dans la peau du personnage ! »

Entretien avec Vince Pace, co-inventeur avec James Cameron de la caméra Fusion 3D, et directeur de la photographie 3D d'*Avatar.* Propos recueillis et traduits par Pascal Pinteau, http://www.effets-speciaux.info/article?id=347

Les trucages cinématographiques

Les effets spéciaux de décors n'ont cessé de se perfectionner depuis Méliès, qui en inventa un grand nombre. Ce sont les procédés qui permettent d'associer dans une même image fond photographique, décors et scène réelle. Ce sont aussi les maquettes fixes ou animées (bases spatiales, engins supersoniques...).

La vitre peinte

Une partie du décor est peinte sur une vitre interposée entre les acteurs et la caméra (exemples : décor fantastique, forêt vierge). Ce procédé, couramment employé, nécessite une grande profondeur de champ.

Le procédé Schuftan

Un miroir, dont certaines parties désargentées sont transparentes, est interposé entre le décor et la caméra. Les acteurs et une partie du décor apparaissent dans les parties transparentes tandis que le miroir renvoie l'image d'une photographie ou d'une maquette.

Le cache et le contre-cache

On interpose un cache entre la caméra et la scène filmée. Ce procédé permet de faire figurer deux fois le même personnage sur un seul plan : on filme le personnage dans la partie droite de l'image et on cache la partie gauche. Ensuite, on contre-cache : on masque alors la partie droite pour filmer à gauche.

Les effets spéciaux programmés

Les techniques numériques permettent de piloter automatiquement des trucages. Cette utilisation est particulièrement intéressante pour filmer, image par image, des maquettes animées de mouvements contrariés.

Exemple : *La Guerre des étoiles* de G. Lucas. Grâce à l'apport de l'informatique, deux mois de travail ont été nécessaires au tournage alors que celui-ci aurait exigé plusieurs années avec les seuls moyens des maquettes animées.

Les clones virtuels

On crée des clones virtuels des comédiens en capturant numériquement leur jeu alors qu'ils miment simplement la scène. Il devient possible de leur faire réaliser des cascades sans risque de blessure pour le comédien ou sa doublure.

Ce même procédé est utilisé pour «multiplier» un acteur. C'est ainsi que Jeremy Iron joue les gynécologues jumeaux fous dans le film de David Cronenberg, *Faux semblants*, et que, dans le film *Mes doubles, ma femme et moi,* sont utilisés quatre clones de Michael Keaton.

L'EFFET *BULLET TIME* DANS *MATRIX*

L'effet, nommé « *Bullet Time* » (temps balistique), permet une décélération du temps, comme si l'on pouvait voir les balles passer. Les scènes filmées avec cet effet sont les plus percutantes de *Matrix*, un film qui, sur le plan des effets spéciaux, a révolutionné la fin du millénaire.
Pour réaliser ce trucage, John Gaeta a installé les 120 appareils à 360°, l'acteur Keanu Reeves, retenu par des câbles, est photographié à 1 000 images/secondes. L'ordinateur va relier les images, puis incruster l'acteur dans le décor.

Le story-board

Le story-board est la première esquisse du film à tourner. C'est une façon pour le metteur en scène de prévoir une scène avant de la filmer.

Un document de travail

Les **spots publicitaires** sont présentés sous forme de *story-board* à l'annonceur avant le tournage. S'il n'est pas satisfait, l'équipe artistique retouche l'histoire, la modifie, remplace certains épisodes. Lorsque le client est satisfait, la phase de réalisation commence.

Les **films de fiction** à gros budget peuvent difficilement faire l'économie de la préparation du *story-board.* Il faut construire les décors, prévoir l'évolution de nombreux personnages, des déplacements complexes des caméras. Par ailleurs, certains producteurs souhaitent se faire une idée précise de ce que sera le film avant de monter financièrement l'opération. Le *story-board* n'est pas une étape obligatoire dans la réalisation d'un film, mais de grands metteurs en scène tels Charlie Chaplin, Alfred Hitchcock, Joseph Losey ou René Clair l'ont utilisé.

Montrer ce que l'on veut filmer

Structurer le film : le schéma de construction qu'est le *story-board* permet de mesurer la durée des séquences et de travailler directement sur le rythme du film. Par ailleurs, c'est un document qui permet de se faire comprendre rapidement quand on discute avec les cadreurs, les opérateurs ou le monteur.

Visualiser un décor, un costume : le *story-board* est aussi un document qui facilite la communication avec les costumiers-décorateurs, qui voient directement ce que souhaite le réalisateur et peuvent ainsi faire part de leurs remarques.

Prévoir les déplacements des comédiens, mais aussi de la caméra. C'est gagner du temps lors de la mise en place du plateau, de la disposition des éclairages, des répétitions. Le dessin des attitudes des personnages permet aux comédiens de faire exactement ce qui est attendu.

Technique

Le *story-board* se présente sous la forme d'une bande dessinée. Il illustre le découpage du film et présente trois types d'informations.

Les images : dans un cadre qui représente l'écran, le metteur en scène, ou un dessinateur, inscrit la position des comédiens, les éléments du décor, prévoit les plans fixes et les angles de prise de vue ainsi que la direction de la lumière.

Les **paroles**, dialogues et voix « *off* » figurent à côté du dessin.

Les **bruits**, la **musique** peuvent être notés à côté de chaque cadre.

Vidéo : vue aérienne, mer d'huile, chaleur de plomb. Plusieurs planches entremêlées au milieu de la mer.
Audio : musique très lente. « Quand rien ne bouge. » Textes chantés.

Vidéo : zoom. On découvre de jeunes véliplanchistes complètement inactifs. Il n'y a pas de vent, pas de vagues.
Audio : « Le calme plat. » Musique.

Vidéo : gros plan sur un jeune homme qui s'éponge le front du revers de la main. Il a soif.
Audio : « Soleil de plomb. »

Vidéo : plan plus large, toujours le calme plat.
Audio : « Oh, moi, j'ai soif ! »

Vidéo : un autre garçon est complètement effondré sur sa planche.
Audio : « Soif de fraîcheur. »

Vidéo : le premier garçon ouvre sa sacoche et en retire des bouteilles de FORCE 4.
Audio : la musique accélère. « FORCE 4. »

Vidéo : il envoie des bouteilles à ses amis.
Audio : musique.

Vidéo : gros plan d'une main recevant la bouteille.
Audio : musique.

Le passage d'un plan à un autre dépend du rythme que l'on entend donner au film. Plus il y a de plans différents en peu de temps, plus le rythme semble rapide, et inversement.
Le passage d'une image à l'autre est également dicté par la durée du commentaire oral. Le texte prévu pour un plan ne peut déborder sur un autre plan.

La succession des images

L'élaboration d'un récit en images implique des étapes séparées et complémentaires : la première concerne l'invention de l'histoire et les moyens qui permettent d'organiser le récit. La seconde porte sur la mise en images qui doit respecter les règles de cohérence, quel que soit le support considéré.

Le choix du déroulement narratif

Commencer par le début : c'est le cas le plus fréquent. Il permet d'exposer avec précision la situation initiale (montrer où et quand se passe l'histoire, qui est concerné).

Commencer par la fin : c'est un procédé qui permet de capter immédiatement l'attention et de soulever éventuellement un problème. L'interrogation du spectateur ne porte pas sur les conséquences déjà connues de l'action, mais sur l'action elle-même.

Finir par le début : c'est le cas de tout film policier à énigme. Le lecteur ou le spectateur ne doit pouvoir découvrir les éléments de la situation initiale (qui a tué ? pourquoi ?) qu'à la fin du récit.

Le montage des plans

La lumière, les costumes, le décor	La succession des images implique une cohérence de la lumière (jour/nuit, pluie/soleil), du décor, des costumes et des accessoires. Exemple : un personnage en pull rouge ne peut se retrouver en pull vert au plan suivant.
La place des personnages	L'enchaînement des images doit se faire selon le même axe visuel : un personnage perçu dans la partie gauche d'une image en plan large doit rester dans cette zone de l'image s'il est ensuite présenté en plan rapproché.
Les postures et les mouvements	Postures et mouvements de personnages représentés en plans séparés doivent concorder d'un plan à l'autre.
Le raccord regard	Quand on associe un plan comportant un personnage qui change de physionomie à un plan qui représente un décor ou d'autres personnages, la signification de la succession des plans est la suivante : le personnage du plan 1 donne l'impression de regarder le plan 2.
Les oppositions	Une rupture, un choc psychologique peuvent être obtenus par la juxtaposition d'images qui n'entretiennent pas de relation dans la continuité du récit, mais provoquent un effet de sens inattendu grâce à leurs relations visuelles (parallélismes, oppositions).

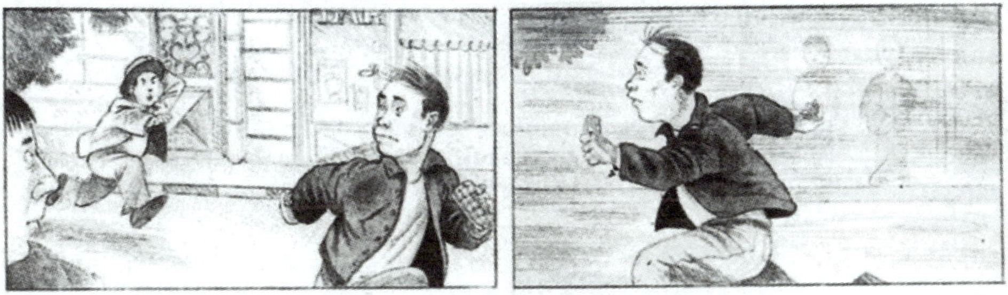

NON

OUI

NON

OUI

Le film de fiction

Les tout premiers films produits par les frères Lumière étaient des documentaires dont les foules se lassèrent au bout de 18 mois. Pour provoquer l'intérêt, le cinéma dut apprendre à raconter. C'est le film de fiction qui a fait son succès, son public et son industrie.

Caractéristiques

La construction du récit : elle peut être sommaire et consister en une simple anecdote avec retournement de situation (exemple : *L'Escamotage d'une dame*, G. Méliès, 1896) ou devenir complexe et comporter péripéties, rebondissements et changements de point de vue (exemples : *La Règle du jeu*, J. Renoir, 1939 ; *Citizen Kane*, O. Welles, 1941).

Le rythme : il dépend du rapport entre le temps réel de la projection (de 60 à 120 minutes en moyenne) et le temps supposé de l'histoire racontée. Les ellipses (suppression d'une portion de temps), les anticipations et les retours en arrière contribuent au rythme de la fiction.

Le genre : réalisme et non-réalisme

Les films réalistes cherchent à entretenir l'illusion du vrai que l'avènement du parlant (1929) peut rendre complète.

Les films non réalistes transforment la réalité et lui imposent une convention ou un style.

Moyens	Films réalistes	Films non réalistes
Décors et éclairage	Tournage en extérieur ou décor donnant une image exacte de l'environnement naturel.	Décors stylisés – Effets d'éclairage particuliers.
Dialogues, sonorisation	Langage courant et quotidien.	Langage poétique ou conventionnel. Effets musicaux – Bruitage.
Personnages	Personnages types incarnant une partie de la société que le spectateur peut identifier.	Personnages d'exception – Sentiments extrêmes – Remplacement des personnages par un narrateur.
Construction du récit	Récit linéaire reproduisant dans sa continuité l'écoulement du temps réel.	Ellipses – Retours en arrière – Anticipations.
Mouvements de caméra, angles de prise de vue	Écriture « transparente », mouvements de caméra peu repérables.	Mouvements de caméra apparents, utilisation d'angles de prise de vue peu courants.

LE RYTHME DU FILM

Après avoir effectué les prises de vues, le réalisateur les organise afin de donner un rythme à son récit. C'est cet assemblage de séquences qui crée l'histoire que découvre le spectateur.

Route de montagne. Nuit. Intérieur voiture des parents

1. PLAN GÉNÉRAL. Vue en plongée de la voiture des parents de Michel qui suit celle de Harry sur une petite route sinueuse de montagne.

2. PLAN MOYEN. Vue à travers le pare-brise de la voiture des parents de l'arrière de la voiture d'Harry.

3. GROS PLAN. Profil des parents à l'intérieur de leur voiture.

LE PÈRE. Il n'avait pas une autre voiture, avant ?

LA MÈRE. Si.

LE PÈRE. C'est bizarre qu'il ait autant de voitures. Tu trouves pas ?

LA MÈRE. Si. (Silence.) Ça va, tu fatigues pas ?

LE PÈRE. T'inquiète pas.

4. MÊME PLAN QUE 2. La voiture de Harry s'éloigne.

5. MÊME PLAN QUE 3.

LA MÈRE. Il ne roule pas un peu vite ?

LE PÈRE. J'arrive très bien à le suivre.

6. MÊME PLAN QUE 2. La voiture de Harry s'éloigne encore puis disparaît.

7. MÊME PLAN QUE 3.

LA MÈRE. Ça y est, tu l'as perdu.

LE PÈRE. Mais non.

8. PLAN MOYEN très court sur la voiture de Harry dans un chemin.

Harry, un ami qui vous veut du bien,
Scénario de Dominik Moll et Gilles Marchand, 2000, Diaphana Film.

Le film documentaire

Un film documentaire est un film informatif. Il dure une quinzaine de minutes. Les domaines privilégiés sont scientifiques, ethnographiques, sociologiques.

Le scénario

Le film documentaire est minutieusement préparé. Le réalisateur part d'une idée qui peut être le fruit d'une observation. Il entreprend alors une recherche, puis il élabore le scénario de son film. L'objectif du film est la vérification expérimentale de l'idée initiale.

Le **scénario** est constitué de la suite des séquences du film. On appelle «séquence» un ensemble de plusieurs plans se rapportant au même sujet (exemple : une cérémonie). Chaque séquence est identifiée par un numéro. Elle possède une durée approximative. Cette durée correspond à l'importance de la séquence dans le film. Les indications concernant les images et le commentaire sont précisées séquence après séquence dans le scénario.

La **logique de la séquence** détermine l'emploi des plans. Dans une séquence déductive, on va du général au particulier (du plan d'ensemble vers le gros plan) ; dans une séquence inductive, on part du détail pour aller au général (du plan moyen vers le plan d'ensemble).

Les fonctions du montage

Sélectionner les prises de vue à retenir : les images prouvent la vérité de l'information donnée par le commentaire. On préfère les images qui offrent très peu d'interprétations.

Mettre au point les raccords entre les plans : les différents plans, les différentes sources d'images (images de studio, de reportages, d'archives, de films de fiction, de dessins animés…) peuvent se combiner dans un documentaire. Les transitions entre eux sont opérées lors du montage.

Créer le rythme du documentaire : le rythme est donné par le montage. La succession de séquences longues et de séquences courtes crée le rythme. Il est rapide dans le cas d'une succession de plans brefs, lent si les plans sont longs. On adapte le rythme de la séquence à l'action représentée.

Le commentaire

Ses rôles : il décrit l'image lorsqu'elle n'est pas explicite. Il apporte les informations que l'image ne peut donner (époque, lieu, fonction des personnages…). Il redit l'information portée par l'image lorsqu'elle est essentielle.

Sa place dans l'image : généralement, la parole se place avant ou après l'action. Mais le commentaire peut aussi servir de transition entre deux séquences très différentes. Alors, il chevauche les deux séquences qu'il relie.

Sa construction : le commentaire est constitué de phrases courtes et simples pour faciliter la compréhension et la mémorisation de l'information. Le vocabulaire est général. Les mots techniques sont définis.

LE RÔLE DU SON

Il souligne en donnant un sens : le choix de la musique d'accompagnement dépend de ce qui est présenté à l'image. Le volume dépend de l'intensité dramatique de la séquence. Le silence est une façon de mettre en valeur une séquence.

Il apporte une preuve de la véracité du documentaire : les paroles des témoins et des acteurs d'un événement, les sons enregistrés en même temps que l'image authentifient la séquence.

Séquence après séquence, fiche de mise au point d'un film documentaire

Séquence 1

Titre de l'émission	Sujet	Réalisateur	Année de réalisation	Diffusion	Chaîne	Durée Début : Fin :

Image	Studio			Durée	Numéro magnétoscope
	Reportage				
	Archive				
	Fiction				
	Animation				
Texte	Générique				
	Désignation				
Son	Parole	Présentateur			
		Acteur			
		Témoin			
	Bruitage	D'origine			
		Postsynchro			
	Musique	D'auditorium			
		D'origine			

Le film d'animation

On confond fréquemment film d'animation et dessin animé alors que ce dernier n'est qu'une des variantes du film d'animation. En effet, les films d'animation englobent non seulement les dessins animés, mais également les films réalisés à partir d'autres matériaux que le dessin, comme le papier découpé, la pâte à modeler, le textile, le sable…

Le film d'animation

À la différence du cinéma – où le mouvement est réel et filmé en continu à l'aide d'une caméra –, en animation, les sujets sont photographiés image par image et c'est leur défilement rapide qui crée l'illusion du mouvement ; le principe de l'animation consiste ainsi à donner vie à un sujet immobile.

Les personnages sont installés dans des décors et pris en photo, puis ils sont légèrement déplacés avant d'être photographiés de nouveau. On fait ensuite défiler les photos, à raison de 12 à 24 par seconde, afin de donner l'illusion du mouvement.

Le dessin animé 2D

Le celluloïd traditionnel : l'animation est la phase de production d'un dessin animé qui prend le plus de temps.

Les animateurs clés croquent les dessins principaux (le dessin du début, deux dessins intermédiaires et le dessin de fin) des séquences dont ils sont chargés.

Les dessinateurs intermédiaires effectuent ensuite les dessins intermédiaires de chaque scène.

Les dessins obtenus sont ensuite scannés ou photographiés pour vérifier le timing et la synchronisation des dialogues, puis les intervallistes exécutent les dessins manquants entre ceux réalisés par les animateurs.

Enfin, les metteurs au net reprennent les crayonnés et les reproduisent fidèlement sur des feuilles transparentes (les celluloïds), les détails figurant sur les *model-sheets* sont ajoutés si besoin. Ces *model-sheets* (feuilles de modèles) présentent les dessins des personnages sous différents angles, dans des attitudes les plus caractéristiques, des dimensions variées.

Le gouachage est la mise en couleur des celluloïds. Il s'effectue au pinceau au dos des celluloïds avec de la gouache très opaque. Les tons utilisés sont ceux écrits sur les *model-sheets.*

Les prises de vue d'un dessin animé réalisé traditionnellement s'opèrent à l'aide d'un banc-titre, appareil supportant une caméra qui fonctionne image par image.

L'ordinateur : les étapes pour réaliser un dessin animé assisté par ordinateur sont les mêmes que celles pour réaliser un dessin animé traditionnel, seule la façon d'exécuter les étapes change puisque tout, ou presque, est informatisé. Les dessinateurs de personnages aiment encore à travailler sur papier pour ébaucher leurs premières esquisses et réaliser les feuilles *model-sheets.* Ils passent rapidement à l'outil informatique dès que les modèles sont fixés.

FILMS D'ANIMATION : TECHNIQUES TRADITIONNELLES ET ANIMATION 3D

La technique traditionnelle

L'élaboration du dessin d'animation

On décalque le dessin sur une feuille transparente appelée cellulo. Le dessinateur y recopie à l'encre de Chine d'un trait uniforme chaque sujet. Une fois le « cell » tracé, on procède à la coloration. On utilise de la gouache sur le verso de chaque cellulo.

L'élaboration du décor

On exécute le dessin du décor sur du papier parfaitement blanc et lisse. Pour donner plus de relief, on le colorie de la façon suivante :

– 1er plan : couleurs plus vives ;

– 2e plan et arrière-plan : couleurs plus atténuées.

La prise de vue

Le décor est posé sur le banc-titre. On applique sur le fond dessiné un premier cell que la caméra photographie. Une fois le cell photographié, on l'enlève puis on place sur le décor le dessin qui suit. On doit ainsi photographier 24 dessins successifs pour avoir une seconde d'image animée. Pour donner l'illusion d'un mouvement plus important du personnage, on déplace le décor à chaque cell successif sans bouger la caméra. Le fond de plan est déplacé avec une avance régulière de droite à gauche à chaque prise de vue.

Les 3 techniques de base des réalisateurs d'animations numériques 3D

L'interpolation entre positions clés : l'animateur spécifie l'image de départ, les images clés (importantes pour la réalisation du mouvement) et l'image de fin. L'ordinateur crée ensuite les images intermédiaires par interpolation, entre ces positions (exemple : *Toy Story*, Disney, 1995).

La captation du mouvement réel : des capteurs enregistrent les mouvements des personnages (humains et animaux) en trois dimensions, puis un ordinateur traite les données et anime les personnages (exemple : *Le Secret de la Licorne*, Spielberg, 2011).

La simulation du mouvement : l'ordinateur engendre le mouvement des personnages et des objets en se fondant uniquement sur les lois de la physique. Les personnages sont généralement représentés par un ensemble de segments coporels rigides. Les objets et personnages sont construits suivant des modèles à trois dimensions (on définit des volumes avec une texture de surface) et des logiciels informatiques traitent ces modèles pour générer l'image en simulant une lumière incidente (effets du soleil, d'une lampe…) et en traitant les différents effets (notamment les ombres et les réflexions).

L'image télévisée

De la diffusion d'images analogiques par voie hertzienne des débuts de la télévision à la diffusion numérique de programmes en 3D, les progrès, tant de la prise de vue que de la diffusion et de la réception, sont constants.

La télévision numérique terrestre (TNT)

C'est la transmission des programmes par fréquences hertziennes sous forme numérique.

Ainsi, lorsque le téléviseur est équipé d'un adaptateur, le téléspectateur, qui captait jusqu'alors les chaînes analogiques par voie hertzienne grâce à une antenne râteau, reçoit les chaînes numériques, toujours par voie hertzienne, avec la même antenne.

Les images et les sons sont enregistrés sous forme de fichiers informatiques, ce qui leur donne une très grande qualité, sans altération dans le temps.

La télévision haute définition (TV HD)

On parle de HD pour les programmes diffusés en haute définition et de SD (simple définition) pour ceux qui sont diffusés en version standard. Actuellement, la SD est majoritaire, il s'agit d'une image d'une résolution de 720 × 576 pixels. Elle est reçue sur le réseau hertzien, par le satellite, le câble ou encore *via* la TNT.

La HD est l'une des avancées majeures de la technologie numérique qui permet une meilleure qualité de l'image et du son (*Dolby Digital*), particulièrement adaptée aux évolutions des téléviseurs.

La télévision HD est diffusée selon la norme MPEG-4. L'image dispose d'une résolution élevée : la haute définition permet actuellement de recevoir des images en 16/9e, dont la résolution atteint 1 920 × 1 080 pixels.

La télévision en 3D

Cette nouvelle norme de diffusion offre le relief aux images animées *via* un système de polarisation de l'image et des lunettes spéciales. Pour profiter de la TV 3D, il faut bien entendu que le programme soit à l'origine filmé en relief. Cette captation nécessite, en premier lieu, l'utilisation de caméras bifocales spécifiques – dites « stéréoscopiques » – qui permettent de restituer la richesse de la vision humaine. Il faut disposer d'un écran compatible affichant une fréquence de rafraîchissement de 120 Hz et de lunettes polarisantes qui alternent vue de gauche et vue de droite pour que le spectateur profite de la profondeur de l'image. Les lunettes anaglyphes, aux verres rouge et bleu, ont cédé la place à des équipements qui filtrent des dizaines d'images par seconde – dédiées à l'œil gauche et à l'œil droit – grâce à des obturateurs à cristaux liquides pilotés par infrarouge, par exemple. Les constructeurs se sont lancés sur le créneau de la télévision en relief… sans lunettes.

La 3D auto-stéréoscopique (alioscopie)

Le procédé consiste à projeter sur un écran spécifique (écran lenticulaire) 8 images imbriquées représentant la scène filmée depuis autant de points de vue distincts. En clair, les yeux du spectateur parviennent à reconstituer une image en relief en assimilant la multitude d'images projetées sous différents angles.

DE L'ÉMISSION À LA RÉCEPTION

(Voie hertzienne terrestre, câble, satellite)

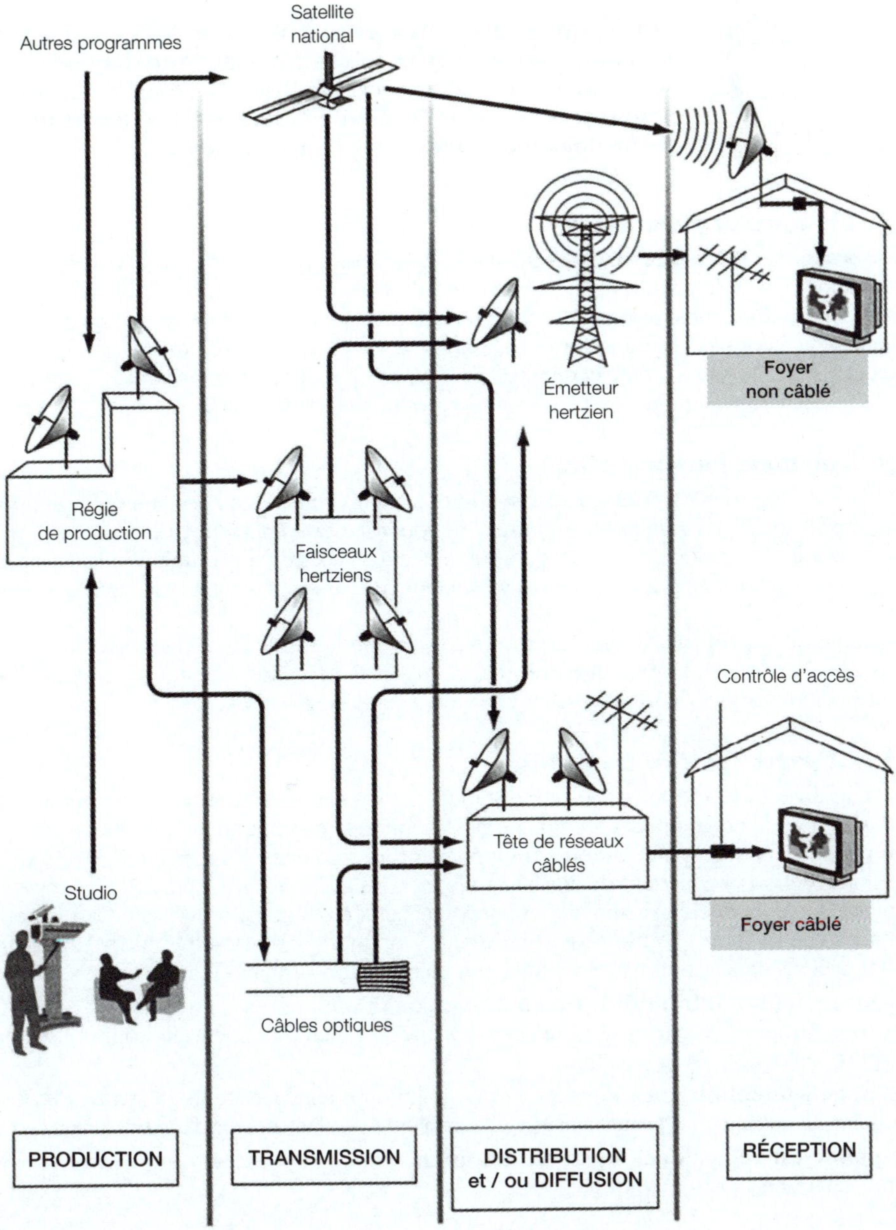

Source : F. Balle, *Médias et sociétés*, Éd. Monchrétien, 1999.

TV : la communication permanente

Le temps passé devant la télévision progresse de façon constante. En Europe occidentale et en Amérique du Nord, la plupart des foyers sont équipés d'un téléviseur. Toutes les tranches d'âge sont concernées. Le spectacle télévisé s'est inséré dans les rythmes et les habitudes, et a transformé les modes de vie.

Un contact permanent

Les speakerines ont assuré, dans les débuts de la télévision, un rôle de contact avec le public. Elles annonçaient les différentes émissions et établissaient une continuité dans la grille des programmes. Pour des raisons de communication, la fonction a d'abord été exclusivement féminine et a consisté, selon les besoins, à improviser. Puis les textes ont été rigoureusement préparés et le message, rapide et direct, était complété par des bandes-annonces. Aujourd'hui, seuls les génériques, jingles et bandes-annonces relaient le message.

Une mise en spectacle

La plupart des émissions (informations, sports, variétés) utilisent la possibilité de multiplier une image sur l'écran, de la faire tourner, de jouer sur la coïncidence de deux états d'une même action. Le rythme du montage a tendance à s'accélérer : on multiplie les coupes et les points de montage pour captiver le spectateur par l'abondance et la diversité des images et des sons.
Il semble que la captation soit d'autant plus forte que la forme de l'émission se rapproche de celle d'un match (forme préférée de la majorité des téléspectateurs). Les émissions d'information ont tendance à privilégier un effet de dramatisation.

La participation du public

Avec le direct : le spectateur reste à distance, mais il suit les événements en même temps qu'ils se déroulent. Le direct crée un élargissement de la perception et l'impression de communiquer à l'échelle planétaire. La multiplication des sources d'information et la rapidité des interventions permettent de diffuser au journal de 20 heures les images d'un événement éloigné survenu quelques minutes auparavant. Les émissions sportives, en particulier les grandes compétitions, sont diffusées en direct. Depuis 1950, le système Eurovision permet à 400 millions de téléspectateurs de suivre en même temps certaines manifestations sportives.

Les **systèmes de communication en duplex ou triplex** (deux ou trois lieux) permettent la communication de personnes filmées à distance au même moment. Ils sont utilisés pour le sport, les variétés et la politique.

Les **appels téléphoniques** donnent la possibilité aux téléspectateurs de participer à une émission de jeux, de se prononcer sur un problème ou d'intervenir dans un débat.

Le public est relayé dans le studio lui-même par des spectateurs qui figurent comme simples témoins.

Les sondages d'opinion constituent une participation invisible mais importante du public au contenu des émissions : producteurs et réalisateurs décident du maintien, de la modification ou de la suppression d'une émission en fonction de son audience, qui intervient sur les revenus de la chaîne. Depuis 1984, le système français Médiamat, géré par la société Médiamétrie, se charge de mesurer l'audience des différentes chaînes. Près de 5 000 foyers représentatifs de la population possèdent des téléviseurs équipés de boîtiers électroniques, ce qui permet d'interroger directement le téléviseur.

L'heure de plus grande écoute se situe entre 19 h 30 et 20 h 30, et des sommes considérables sont parfois dépensées pour retenir les téléspectateurs.

La durée d'une émission est en moyenne de 3 ans. Quand l'audience est bonne, la formule de l'émission ne change pas, ce qui permet de sécuriser le téléspectateur par la stabilité des repères. Un spectacle populaire diffusé un samedi soir est vu par 15 millions de téléspectateurs en France ; il faudrait 30 ans de succès ininterrompu dans une grande salle parisienne pour toucher un auditoire comparable ; un film du dimanche soir devrait être diffusé pendant 10 ans.

Le clip vidéo

Pour la maison de disques, le clip vidéo est avant tout un outil de promotion dont la fonction est de convaincre l'auditeur d'acheter une chanson.

Le thème

La musique constitue le fil conducteur de l'ensemble. Celui-ci peut être une histoire ou simplement une ambiance qui ordonne les différentes séquences. Différents procédés peuvent être mis en œuvre.

Élargir l'imaginaire d'une chanson par une succession de plans qui disent ce que les mots ne disent pas.

Utiliser les techniques du cinéma pour faire vivre un scénario qui se déroule en parallèle avec la chanson. Les images sont l'illustration des textes.

L'interprète de la chanson peut intervenir, par exemple, comme narrateur, tandis que la chanson est mise en scène et jouée par des acteurs. Il peut, au contraire, prendre une part active à l'action.

Illustrer la chanson sans tomber dans la correspondance systématique des mots, des notes et des images. On peut utiliser l'humour et la parodie, le détournement de références connues de tous (cinéma, mode, histoire...).

Exemple : un clip en noir et blanc dont le scénario s'inspire des courts-métrages comiques de l'époque du cinéma muet.

Utiliser de nouveaux procédés techniques : on donne une dimension originale à la chanson, on privilégie l'aspect fantastique de l'image en faisant coexister des éléments réels et imaginaires.

Exemple : on incruste le chanteur (ou le groupe) dans un univers composé d'éléments fantaisistes. Le procédé permet tous les changements d'échelle voulus.

1. Filmer l'interprète sur un fond bleu, sans décor ni accessoires.

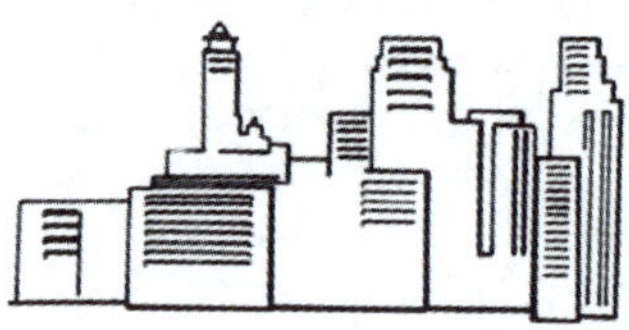

2. Filmer le décor, les accessoires réels ou dessinés.

3. Incruster le sujet animé sur les fonds. On peut superposer plusieurs images en jouant sur les différences de proportions des objets et des décors.

Montrer l'image de l'artiste ou du groupe par le montage d'une succession de situations conformes à son univers.

Exemple : filmer le groupe sur scène, en répétition...

LE MONTAGE VIDÉO

Le montage vidéo consiste à sélectionner des prises de vue et à les organiser afin de créer le rythme du récit souhaité par le réalisateur. Ce n'est pas un simple assemblage, c'est une recréation, qui met en valeur les images en jouant sur des rapports de contraste ou d'association. La musique ajoute une signification à l'image : le rythme visuel et le rythme musical peuvent d'ailleurs obéir à des structures analogues (certaines images reviennent périodiquement de la même façon que le refrain d'une chanson).
Le montage vidéo d'un clip simple de 5 minutes peut s'effectuer avec un logiciel de montage. Une fois les séquences vidéo acquises sur le disque dur de l'ordinateur, il ne reste plus qu'à les importer dans le logiciel de montage, à placer la musique sur la *time-line* (ligne de temps) puis à positionner les séquences dans l'ordre choisi. Une fenêtre de visualisation finale permet de visionner rapidement le montage en cours. On y ajoute des transitions d'ouverture (début), de fermeture (fin), ainsi que les transitions qui permettront de lier toutes les séquences. On vérifie le résultat obtenu dans la fenêtre de visualisation. La durée du montage vidéo doit correspondre à celle de la musique choisie.

La réalité augmentée

La réalité augmentée désigne les systèmes informatiques qui rendent possibles la superposition d'un modèle virtuel 3D ou 2D et la perception que nous avons naturellement de la réalité en temps réel. Elle désigne les différentes méthodes qui permettent d'incruster de façon réaliste des objets virtuels dans une séquence d'images.

Qu'est-ce que la réalité augmentée ?

La réalité augmentée est une innovation technologique qui consiste à superposer des éléments virtuels à des éléments réels. Elle est dite « augmentée » en ce sens qu'elle enrichit notre environnement physique d'informations virtuelles non perceptibles à l'œil nu, que ce soit sous forme d'images ou de textes, et ce en temps réel.

La réalité virtuelle et la réalité augmentée

Dans la réalité virtuelle, le monde réel est synthétisé par un ordinateur pour créer un environnement imaginaire. L'utilisateur est immergé dans ce monde virtuel et, par conséquent, il est totalement isolé du monde réel.

Dans la réalité augmentée, l'utilisateur est en contact avec un univers mixte (importation d'éléments virtuels dans un environnement réel) dans lequel il peut agir immédiatement. La réalité se trouve augmentée par des informations virtuelles qui viennent s'y incruster, à l'exemple du site de Pompéi que l'on peut désormais visiter à l'époque de l'apogée de l'Empire romain.

Les applications de la réalité augmentée

L'utilisation la plus simple de cette technologie est bien sûr l'utilisation des applications disponibles sur les téléphones mobiles « intelligents » (*smartphones*). Grâce à eux, il est désormais possible de géolocaliser les lieux dont on se trouve le plus proche (monuments, restaurants…, mais aussi stations de métro, de taxis…). Si l'utilisateur clique sur la station de métro dans laquelle il veut se rendre, une flèche directionnelle s'affiche à l'écran pour lui indiquer le chemin à suivre. Élément important, la direction et les distances sont recalculées en temps réel au fur et à mesure que l'utilisateur se déplace.

La seconde utilité de la réalité augmentée est l'accès, de manière interactive, aux informations sur les monuments historiques. Cette technologie offre des informations textuelles et visuelles supplémentaires, comme la visualisation d'un monument à différentes époques. Le visiteur peut ainsi faire défiler les images et obtenir des textes explicatifs sur l'évolution du bâtiment.

Durant la visite virtuelle des jardins du château de Versailles, par exemple, un parcours est conseillé en fonction de l'emplacement du visiteur pour qu'il ne manque aucun des lieux les plus remarquables. Des entrevues vidéo avec les conservateurs, les jardiniers et les fontainiers chargés du domaine sont disponibles pour chaque point clé des jardins. Plus encore, le smartphone reconnaît la position du visiteur et vibre lorsque celui-ci passe devant une statue, un bosquet ou une fontaine qui mérite son attention, lui permettant ainsi d'écouter les explications d'un conservateur sur le sujet.

L'EXEMPLE DE RÉALITÉ AUGMENTÉE DU FUTUROSCOPE

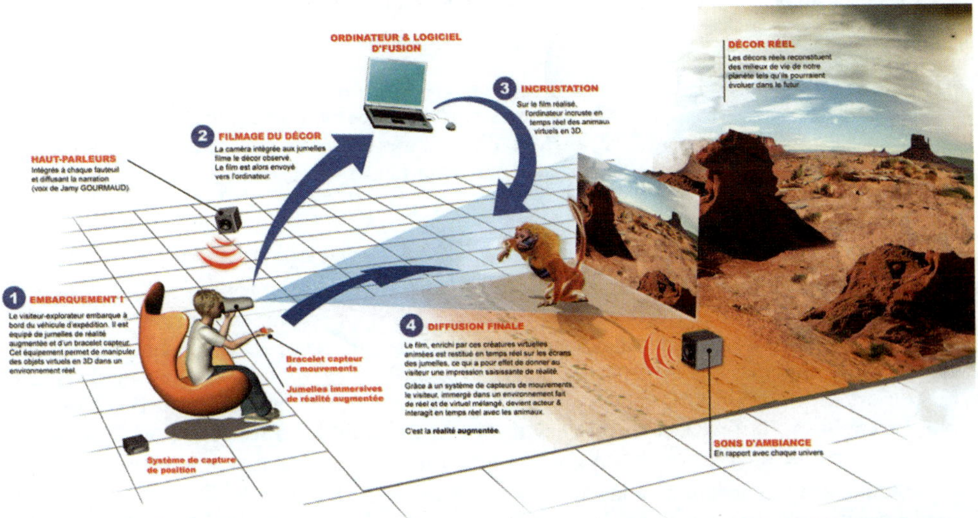

Jean-Michel Dupuis-CRDP de Poitou-Charentes/Futuroscope/©The Future is Wild

Devant chaque séquence de l'expérience, une caméra intégrée aux jumelles des visiteurs filme le décor observé. Sur le film réalisé, un ordinateur incruste des animaux virtuels en 3D. Le film, enrichi par ces créatures virtuelles animées, est restitué en temps réel sur les écrans des jumelles, ce qui offre aux visiteurs une impression saisissante de réalité.
En plus d'être immergés dans cet espace mi-réel, mi-virtuel, les visiteurs peuvent communiquer et interagir avec les animaux grâce à un bracelet, capteur de mouvements.
La parfaite fusion du monde réel et du monde virtuel, associée à l'interaction sur les animaux, propose ainsi aux visiteurs explorateurs une nouvelle réalité, appelée « réalité augmentée ».

Décor réel + objets virtuels 3D animés + interaction directe = réalité augmentée

ANNEXES

Illustrer une présentation

La projection demeure l'outil par excellence pour informer, convaincre, animer. Elle permet d'être face à l'auditoire, de rester en salle claire, d'exposer de façon structurée.

La rétroprojection

L'**appareil** est un projecteur disposant d'une plage de travail horizontale sur laquelle on pose le document à diffuser. La netteté de l'image se règle en montant ou en descendant le support du miroir. Selon qu'on éloigne plus ou moins le rétroprojecteur de l'écran, on obtient une image plus ou moins grande.

Le transparent : il s'agit de feuilles d'acétate sur lesquelles on dessine ce que l'on veut projeter. Ces feuilles sont au format rectangulaire 21 x 29,7 ou se présentent sous la forme d'un rouleau. Des feuilles colorées permettent de réaliser des plages de teintes différentes.

Les **feutres spéciaux** sont à encre soluble (lorsque le document est appelé à être modifié) ou à encre permanente, de couleur et d'épaisseur variables. Le noir, le rouge et le bleu sont les couleurs les plus lisibles.

L'**écran** peut être modifié ou fixe. Pour avoir la luminosité la plus grande, on choisit un écran multicellulaire, qui augmente le champ de la projection. On veille à ce que la base de l'écran ne se trouve pas sous le niveau des tables des spectateurs.

La focalisation : pour montrer un détail, on peut indiquer le point particulier au moyen d'un crayon posé sur le transparent (ou d'un crayon laser qui se dirige sur l'écran).

La vidéoprojection

L'**appareil** est un projecteur qui reçoit l'image depuis une source externe et la diffuse sur un écran. Deux technologies sont possibles : la matrice à micromiroirs du cinéma électronique et les trois matrices à cristaux liquides, préférées pour l'usage en formation. La puissance lumineuse effective, exprimée en lumens ANSI, est l'une des caractéristiques essentielles du vidéoprojecteur. Elle doit être supérieure à 4 000 lumens ANSI pour la projection de signaux vidéo. Équipé d'un objectif grand-angle, l'appareil peut être posé à une distance équivalente à la diagonale de l'écran et concentre le dispositif vers la partie centrale de la salle, libérant ainsi les allées des câbles et rallonges.

Les sources d'images : le lecteur DVD, l'ordinateur fixe ou portable, le magnétoscope VHS, le Caméscope DV et l'appareil photo numérique peuvent être reliés au vidéoprojecteur et gérés depuis l'ordinateur.

L'écran : le vidéoprojecteur ne fait qu'émettre une lumière qui devra être reflétée par un écran inerte, mobile ou fixe selon la salle de vidéoprojection, de 180 cm de large. La toile à réflexion directive doit être proscrite car elle exclut les spectateurs des extrémités des premiers rangs.

La sonorisation : prévoir un dispositif permettant d'obtenir un niveau sonore convenable et une directivité associée à l'image. La solution la plus courante est l'utilisation d'enceintes amplifiées.

LE DISPOSITIF DE VIDÉOPROJECTION

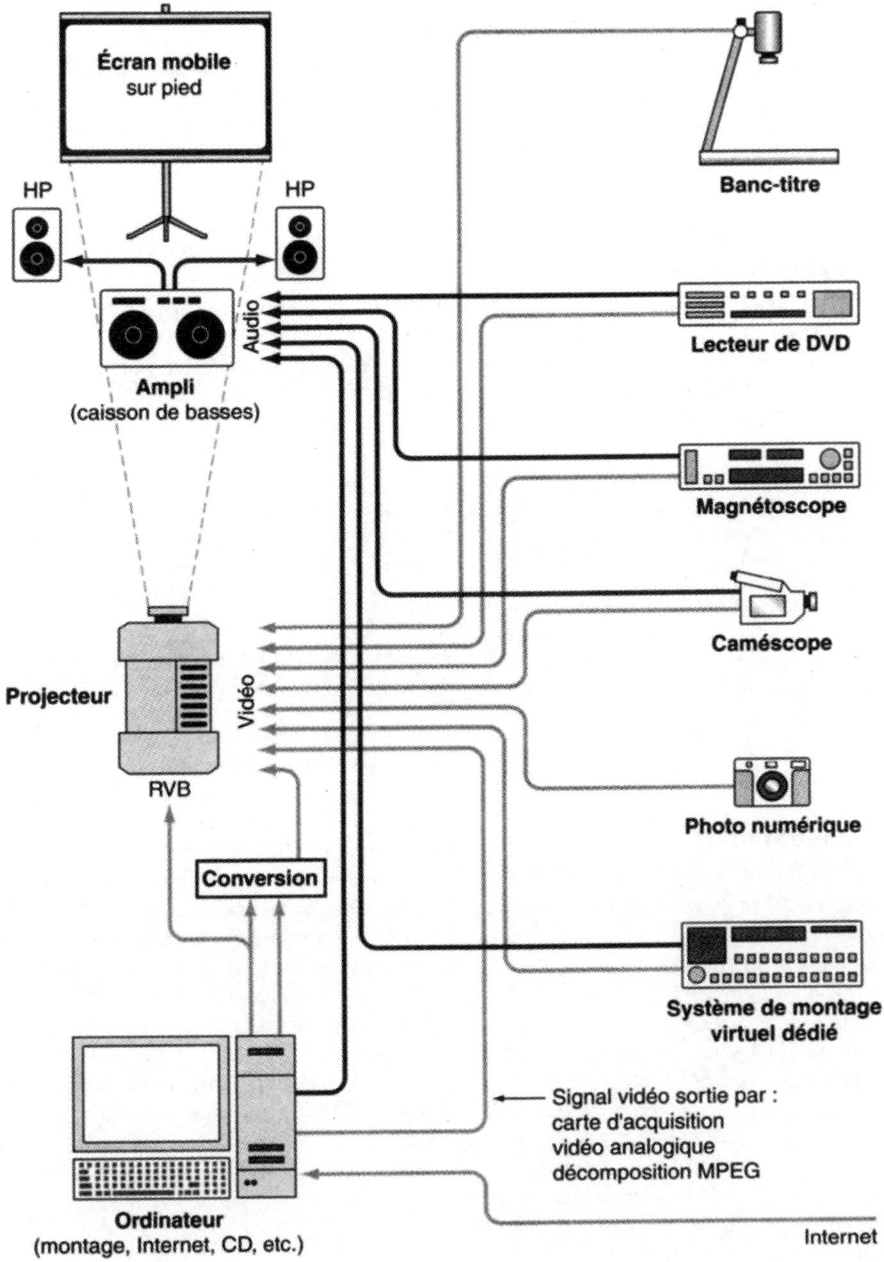

Confronter, comparer

Lors d'un exposé ou d'une intervention, on peut être amené à comparer des représentations graphiques (images, photos, schémas...). Afin de gagner en efficacité, on adopte une stratégie rigoureuse.

Quelles illustrations confronter ?

Si l'on vient pour expliquer. On choisit des dessins pour indiquer les étapes successives d'un processus. Un schéma fléché permet d'expliquer le fonctionnement d'un équilibre écologique ou celui des institutions d'un pays.

S'il faut choisir un matériel. On présente des photos, parfois des dessins. La photo possède une valeur d'objectivité alors que le dessin fait appel à l'imaginaire.

S'il faut prendre une décision. On compare des plans, des cartes lorsqu'il s'agit de déterminer, par exemple, la bonne implantation d'une usine dans une région, d'une machine dans un atelier. On confronte des schémas lorsqu'il s'agit de décider l'organisation d'une production, d'une institution.

Le commentaire

Pour confronter deux images, on choisit l'une d'elles comme référence et on analyse l'autre par comparaison.

Présenter les similitudes

– Les références : on précise s'il s'agit du même auteur, si les deux images sont de la même époque, s'il s'agit ou non du même support (tableau, photo, graphique...).

– Le thème : on apprécie le sujet, l'idée principale développée par les deux images. On indique s'il s'agit ou non de la même chose. Si ce n'est pas le cas, on précise les relations qui peuvent relier les deux images.

– Le traitement : on présente les similitudes entre les deux réalisations. Par exemple, s'il s'agit de tableaux de nombres, on fait constater que les unités sont identiques dans les deux cas.

Présenter les modifications

– La taille : on évalue les variations de la taille de ce qui est représenté. On présente ce qui a augmenté en taille ou en volume, et on essaie de quantifier, lorsqu'on le peut, ces augmentations ou ces diminutions.

– Les couleurs : lorsque les documents à confronter sont en couleurs, on insiste sur les modifications de l'intensité ou les changements de couleur. On commente ces modifications en proposant l'explication.

– Les déplacements : on fait repérer les objets dont la place a changé. Ces changements indiquent une volonté de la part des réalisateurs. C'est celle-ci qu'on explique.

– Les transformations : certains éléments de la première image peuvent se retrouver dans la seconde sous une autre forme. Il faut alors le signaler pour en proposer une explication.

Présenter les différences

– Les ajouts : on indique les éléments qui figurent dans la seconde image et qui étaient absents de la première. On établit les relations qu'ils entretiennent avec les éléments communs aux deux images. On met ensuite en évidence leur spécificité.

– Les suppressions : on fait remarquer les éléments qui disparaissent dans la seconde image. On précise les raisons de ces disparitions.

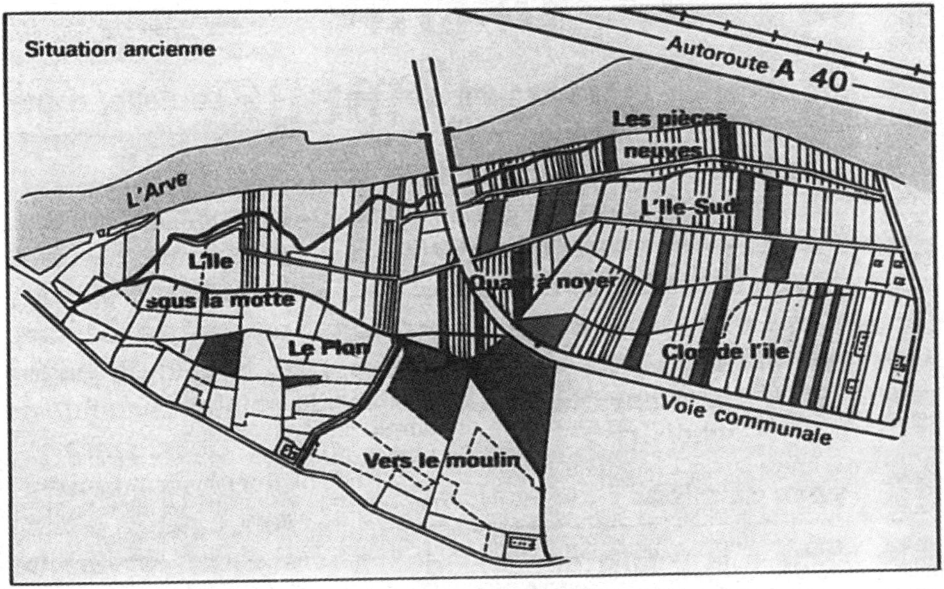

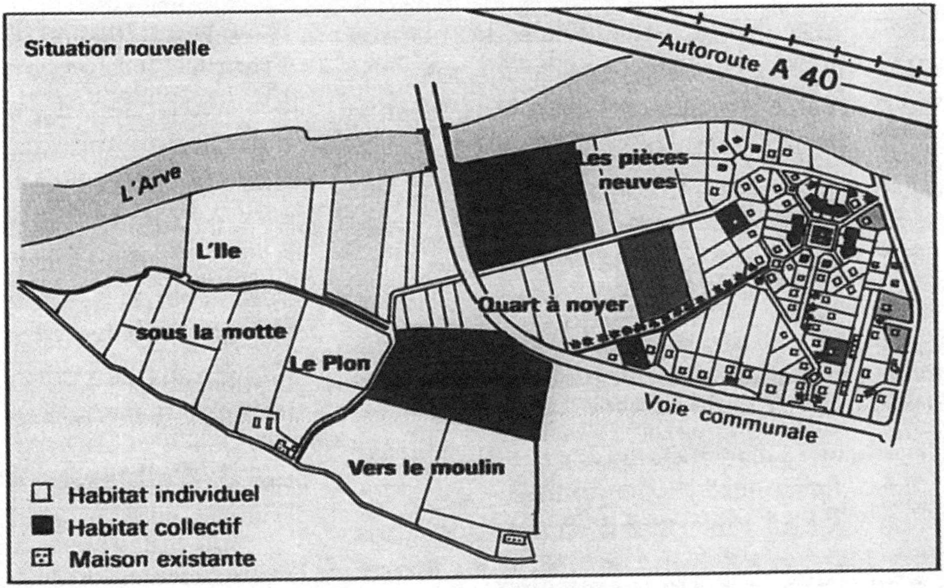

La modification du paysage à la suite des procédures de remembrement en Haute-Savoie à Maglang.

La confrontation des deux plans permet de constater l'urbanisation du site et la disparition de paysages entiers, remplacés par d'autres qui ne présentent pas le même charme aux yeux de tous.

Décrire avec l'image

L'utilisation de l'image est le procédé le plus pratique pour décrire un lieu ou un objet. Elle élimine toute erreur d'interprétation. Elle limite l'imaginaire.

Quel type d'illustration choisir ?

Vue extérieure : c'est une image (photo ou dessin) de l'objet tel qu'il se présente dans la réalité. On présente ainsi son enveloppe extérieure. On choisit l'angle de vue qui donne le plus de détails. Par exemple, un appareil photographique est présenté en plongée. On peut ainsi voir les différents boutons et mollettes de sa partie supérieure.

Vue anatomique : c'est une image qui présente le contenu. Une coupe de l'objet permet de montrer ce qui est à l'intérieur. On supprime l'enveloppe pour ne présenter que les éléments intéressants. On décrira le mécanisme de la visée de l'appareil photo par une vue anatomique qui laissera apparaître le jeu des miroirs.

Flécher l'illustration

Lorsque les parties constitutives sont nombreuses, il faut les identifier. On relie par un trait fin chacune d'elles à un symbole (chiffre ou lettre). Dans une liste située sous le dessin ou sur son côté, on écrit le nom de la partie en face du symbole.

Mettre en place une légende

Lorsque des informations viennent se rajouter à une vue extérieure, comme dans le cas d'une carte de géographie, on codifie celles-ci sous forme de symboles. Une légende permet de connaître la signification des symboles employés. L'utilisation des couleurs permet également de faciliter la lecture du dessin. On emploie des couleurs de même tonalité pour des éléments associés. On use de couleurs complémentaires pour marquer une opposition.

Le commentaire

Il détaille ce que l'image ne décrit pas. Il suit différentes étapes.

Il présente l'ensemble en indiquant la forme générale et les dimensions. La description générale est réalisée au présent. Elle est introduite par un présentatif (« voici, voilà... »).

Il détaille chacune des différentes parties en donnant leur nom d'abord, puis :
– leurs caractéristiques générales : formes, dimensions, aspect de surface ;
– leur localisation par rapport à l'ensemble du système. On commence par la partie qui déclenche le mécanisme ;
– leur localisation par rapport aux autres parties du système. Vocabulaire : « à gauche, à droite, au-dessus, en dessous, jouxtant, en relation avec, contigu, accolé, attenant, avoisinant, mitoyen, au contact de, à proximité immédiate... »

Il respecte l'ordre fonctionnel, c'est-à-dire qu'il présente, à la suite les unes des autres, les différentes parties actives dans une fonction, même si un autre élément vient s'intercaler. Celui-ci sera présenté lorsque toute la chaîne l'aura été.

1 Partie avant de côté d'auvent
2 Echarpes et traverses
3 Longerons doubles
4 Marquages dans les longerons
5 Traverse avant
6 Fixation de colonne
7 Tunnel
8 Pied avant (bas)
9 Longeron divers soudé au bavolet
10 Coronage soudé
11 Corps creux anti-intrusion
12 Traverse sous siège
13 Traverse inférieure de baie
14 Renfort latéral inf. de porte
15 Brancard soudé
16 Remontée de plancher
17 Bavolet
18 Pied milieu (bas)
19 Traverse de suspension arrière
20 Pied arrière (bas)
21 Pied avant (haut)
22 Traverse avant de pavillon
23 Raidisseur de pavillon
24 Pied milieu (haut)
25 Pied arrière (haut)
26 Traverse arrière de pavillon
27 Montant de custode
28 Anneau de porte de coffre
29 Renfort sous tablette arrière
30 Tirant de structure
31 Longeronnet arrière
32 Raidisseur arrière
33 Renfort de bandeau de porte avant

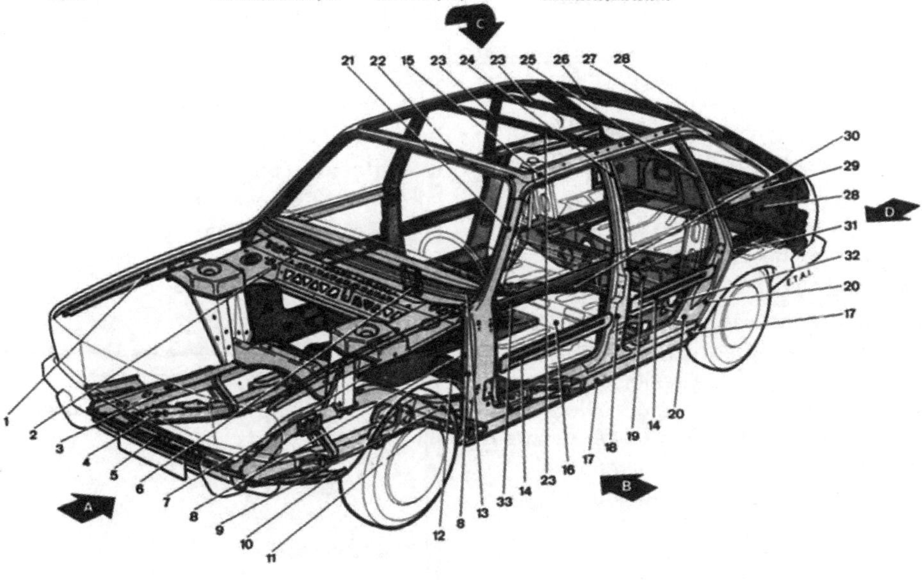

A	CHOC AVANT	1	2	3	4	5	6	7	8	9	10	11						17																33
B	CHOC LATERAL				4	5			8				12	13	14	15	16	17	18	19	20			23					28					
C	RETOURNEMENT															15						21	22	23	24	25	26	27	28					
D	CHOC ARRIERE							7										17			20								28	29	30	31	32	

Document proposé par Barbara Tréfelle.

Ce dessin anatomique présente les éléments de déformation de la carrosserie d'une automobile. Les flèches noires indiquent la direction des chocs possibles. Le tableau en dessous présente, pour chaque type de choc, les pièces qui peuvent être touchées. Ces pièces sont reliées à des numéros par un trait fin. Le numéro permet l'identification de la pièce par l'intermédiaire de la nomenclature placée au-dessus du dessin.

ANNEXES

Exposer sur un panneau

Un panneau d'exposition donne une information succincte. Il doit permettre de comprendre les résultats et le résumé de la question abordée, sans que le lecteur ait à s'arrêter.

Un support lisible

La surface du panneau représente environ 1 m^2. Ses dimensions sont généralement de 1 x 1,20 m. Il est souvent présenté verticalement.

Un panneau comporte entre 10 et 16 masses. On appelle «masses» les surfaces qui seront posées sur le panneau : titre(s), sous-titre(s), texte(s), illustration(s), flèche(s).

Les titres doivent être lisibles à 5 m. Ils sont rédigés en lettres de 6 ou 7 cm de hauteur, et d'une épaisseur d'environ 1 cm.

Dans un panneau d'information, le titre prend entre le quart et la moitié de la surface occupée (surface occupée = titre + texte ou illustration).

Les sous-titres sont composés de lettres lisibles à environ 2 m de distance (hauteur de 2 cm).

Titres et sous-titres dirigent le sens de la lecture et apportent l'information essentielle. Ils sont rédigés en minuscules pour une meilleure lisibilité.

Les textes sont courts. Les phrases sont brèves, de construction simple. Les lettres minuscules, pour une meilleure lisibilité, mesurent environ 1 cm de hauteur sur 0,3 cm d'épaisseur.

On met en valeur l'information par le jeu des contrastes:

– l'opposition des couleurs : (noir/blanc, bleu/rouge...) ;

– l'opposition image et texte ;

– l'opposition des scènes de chaque image.

Choisir une mise en page

Le choix du type de mise en page dépend de la nature de l'information. Quand on présente le thème, sur le premier panneau, on peut adopter une disposition mosaïque.

La **disposition en mosaïque** offre un éventail de lectures possibles. Elle donne une impression d'éclatement, d'absence de lien entre les informations. Elle laisse le lecteur libre de son cheminement.

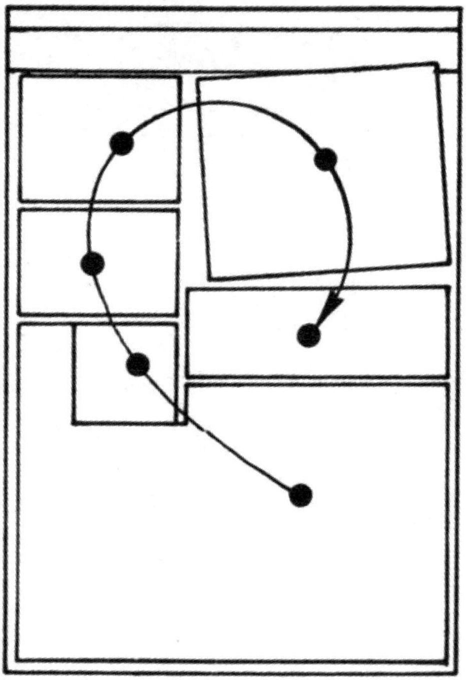

La **disposition horizontale** organise les documents selon des lignes horizontales qui partagent le panneau. Elle suit le sens normal de la lecture. Elle donne une impression rassurante.

C'est la disposition horizontale que l'on adopte lorsque l'on doit présenter sur un panneau le déroulement des différentes étapes d'un processus.

Dans le cas de la disposition horizontale, la longueur des titres et des sous-titres doit être limitée à une ligne.

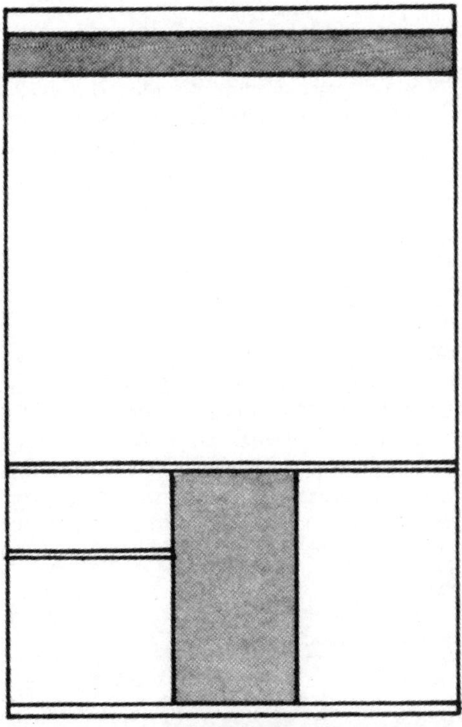

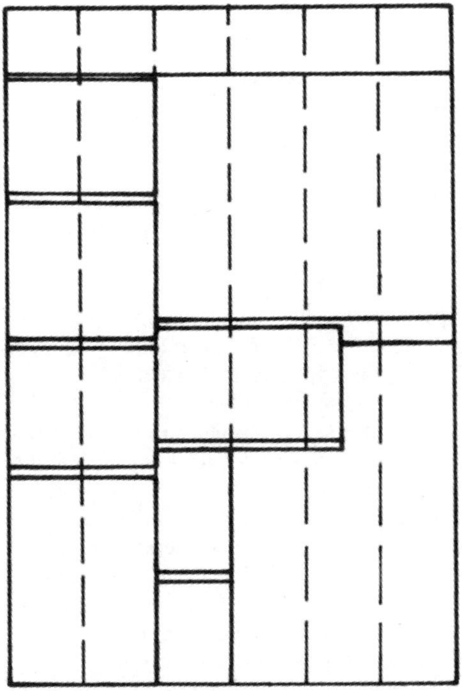

La **disposition verticale** divise le panneau en 5 à 8 colonnes. Elle donne une impression de rigueur, de précision scientifique. On l'utilise chaque fois que les informations doivent être classées par rubriques. Lorsqu'on présente un raisonnement de type cause/ conséquence, on peut préférer une mise en page verticale.

L'information s'organise selon un quadrillage du panneau. On place les premières informations de la démonstration en haut des colonnes de gauche et la conclusion en bas des colonnes de droite. Des flèches ou des repères chiffrés guident l'ordre de la lecture.

A N N E X E S

Réaliser un portrait photographique

La photographie a hérité de ce qui avait été longtemps demandé à la peinture : fixer l'apparence d'une personne à un moment donné.

Rôle et fonction

Au XVIIIe siècle, avant l'avènement de la photographie, le portrait connaît une importance grandissante en relation avec l'ascension de larges couches de la société. «Faire faire son portrait» est un acte qui garantit une considération sociale. Cet usage aristocratique se répand dans les milieux bourgeois.

Après 1851, les photographes sont en mesure de travailler en instantané et de saisir une expression caractéristique de leur modèle. Le portrait devient l'activité la plus importante de la photographie professionnelle : en 1866, il y a à Paris environ 300 studios de portrait.

La demande de valorisation du modèle évolue progressivement vers une recherche de l'expression. L'art de Nadar (premier grand portraitiste qui, en 1853, ouvre un atelier où affluent les personnalités artistiques et littéraires de l'époque) consiste à ne pas embellir, mais à saisir, à travers le portrait, la dimension intérieure, la personnalité d'un individu.

La technique utilisée

Image très précise (dite «image définie») : elle peut être obtenue grâce à la qualité de l'objectif (notion de piqué) et à l'utilisation d'appareils de grand format (6 x 6, 6 x 7, 6 x 9, chambres photographiques). Chaque détail mais aussi chaque défaut sont parfaitement lisibles.

Image adoucie : les appareils plus répandus de petit format (24 x 36) donnent généralement une image plus douce.

Image naturelle ou déformée : un petit téléobjectif (focale comprise entre 75 et 135 mm pour un 24 x 36) produit un effet de perspective naturelle qui ne déforme pas. L'utilisation du grand-angle (focale inférieure à 40 mm pour un 24 x 36) provoque des déformations qui peuvent être utilisées dans un but expressif. Les gros téléobjectifs suscitent un effet d'écrasement et sont rarement utilisés pour le portrait.

La lumière

Extérieur : le soleil de midi crée des reliefs importants et un éclairage dur. Une lumière légèrement tamisée par la brume ou les nuages adoucit un visage. Si le personnage est photographié en contre-jour, on obtient un effet de silhouette, sauf si des éléments naturels (feuillages, mur...) réverbèrent la lumière. On utilise parfois un flash pour rendre lisibles les zones trop foncées.

Intérieur : une solution peut consister à photographier le sujet près d'une fenêtre (éclairage latéral) et à provoquer une réfraction de la lumière grâce à la proximité d'un mur clair.

Dans tous les autres cas, il est nécessaire de recourir à un éclairage artificiel : on utilise couramment le flash électronique qui produit une lumière plate et des ombres marquées. Pour pallier ces inconvénients, on dirige le flash vers le plafond ou un mur proche : l'image est alors plus douce et comporte un certain relief.

Photographier un paysage

On photographie parfois un paysage pour exprimer une émotion fugace, mais le plus souvent pour garder un souvenir.

Le format de la photo

Le format horizontal donne une impression de repos, de profondeur, de froideur alors que le format vertical donne une impression d'action, de proximité, de chaleur.

La profondeur de la photo

Dans une photographie, l'impression de relief est donnée à partir du moment où les plans sont différenciés par des valeurs colorées allant de la plus foncée à la plus claire.

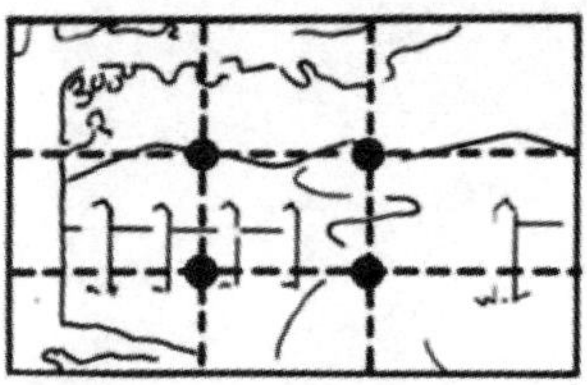

Avant-plan

Trois plans

Le cadrage de l'image

Le cadrage consiste à mettre en valeur un élément du paysage. On déplace l'appareil pour ne pas laisser envahir l'image par des éléments secondaires. Lorsqu'on a clarifié la composition, on place le centre d'intérêt sur un des quatre points forts de l'image.

Les lignes de construction

La **ligne horizontale** est une ligne calme plate et froide. Elle « assagit » l'image.

La **ligne verticale** exprime la hauteur. Elle s'oppose à la pénétration en profondeur dans le paysage. Elle fait barrière.

La **ligne oblique** introduit une impression de désordre dans la photo. Elle doit être rééquilibrée par des horizontales ou des verticales.

Les **diagonales** sont animées d'un dynamisme puissant. On évite que l'œil ne sorte de la photo en les bloquant par une horizontale ou une verticale. La répétition de ces lignes dans l'image crée un rythme.

LES LIGNES DE CONSTRUCTION

Joachim Sändig, *Grues*

Obliques

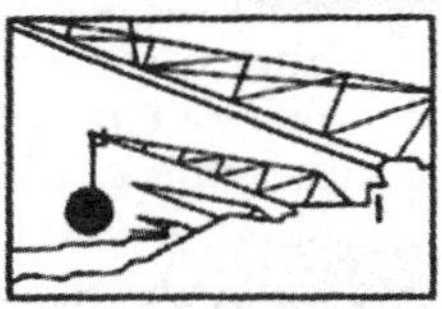

Point fort

Horizontales

Verticales

Dans ce paysage portuaire, le point fort est placé au second plan. Il est mis en évidence par sa position à proximité de la section verticale de la photographie et par la tache sombre qu'il représente sur le ciel gris.
Les obliques des grues se trouvent équilibrées par les verticales des cabines et des câbles des mâchoires. Leur répétition donne un rythme égal à l'image.
La ligne d'horizon se situe sous l'axe horizontal de la photo, ce qui crée une image ouverte sur le ciel.
La profondeur de champ est accentuée par le bras de la première grue, qui déborde le cadre de la photographie.

ANNEXES

Projeter des diapositives

Le montage de diapositives, aussi appelé «diaporama», est l'un des moyens audiovisuels fréquemment utilisés dans la formation des adultes ou dans l'animation-vente.

La préparation

Le matériel à réunir

– Les diapositives et un nombre suffisant de paniers pour éviter les manipulations en cours de projection.
– Un projecteur, un fusible et une lampe de rechange.
– Un magnétophone et la bande audio calée au point de départ. Un synchronisateur dans le cas d'une projection automatique.
– Un écran.
– Un nombre de chaises et de tables correspondant à l'audience.
– Les rideaux de la salle de projection.
– Une lampe d'ambiance.

La succession des images

Durée et temps de projection

La durée de projection d'une diapositive dépend du commentaire qui lui est associé. Elle est comprise entre 10 secondes et 2 minutes.
La rapidité dans la succession des diapositives crée le rythme du montage. On fait varier ce rythme au cours du montage pour ne pas lasser l'auditoire.

L'ordre des images

– Ordre chronologique, lorsque les images expliquent un processus. On l'organise du point de départ vers l'aboutissement. Les plans peuvent rester identiques.
– Ordre déductif: on part d'un phénomène général (plan d'ensemble) et on va vers un point particulier (gros plan).
– Ordre inductif: on part d'un cas particulier (plan moyen) et on généralise (plan d'ensemble).

Relancer l'attention

Jouer sur le rythme de la présentation. En alternant des phases rapides et des phases lentes, on modifie l'attitude d'écoute des spectateurs.

Alterner les cadrages. Une succession de cadrages identiques émousse l'attention. Briser cette uniformité la réactive.

Varier les couleurs. Si la tonalité du montage est uniforme, elle lasse. L'emploi de couleurs chaudes et de couleurs froides en alternance brise l'accoutumance et réveille l'intérêt.

Commentaires et bruitages

Le commentaire : il est saisi par ordinateur pour plus de lisibilité. On place dans la marge de droite le numéro de la diapositive en face de la phrase correspondante. Le style du commentaire doit être simple. Les phrases courtes sont plus faciles à comprendre. L'image suffit, le commentaire ne décrit pas ce qui est montré. La principale contrainte consiste à adapter le commentaire au public auquel il est destiné.

La musique : les thèmes musicaux enregistrés sont diffusés lorsqu'il n'y a pas de commentaire. Leur rôle est de donner un rythme au diaporama et de créer une atmosphère sonore.

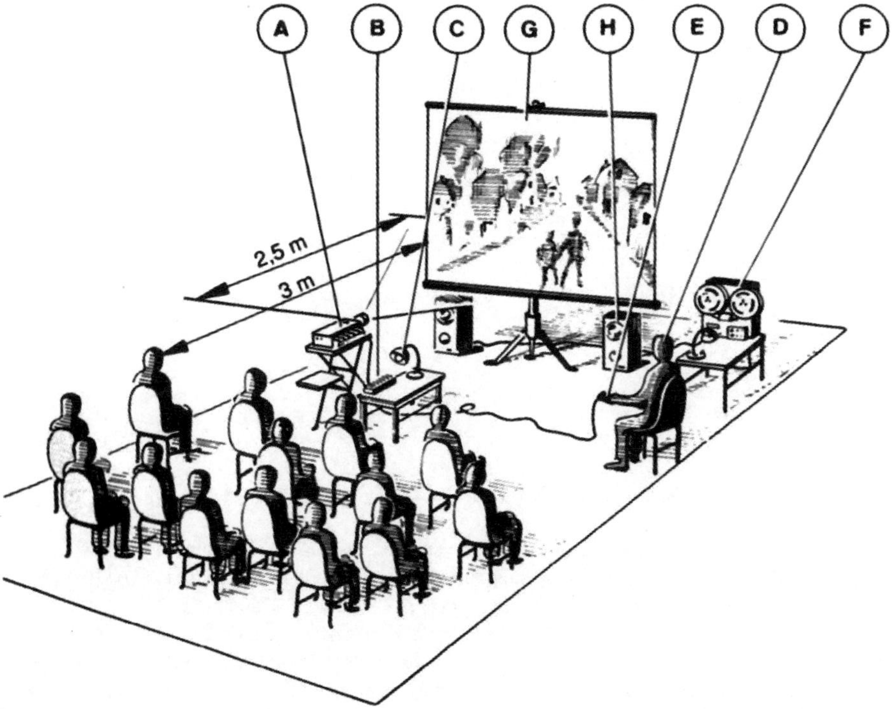

A **Le projecteur.** Il est placé sur un support stable. L'objectif est centré sur le milieu de l'écran pour éviter les déformations.

B La **table** sur laquelle sont classés les paniers de diapositives. L'ampoule de rechange et le fusible sont posés sur cette table.

C **Une petite lampe d'appoint.** On l'utilise lors du changement des paniers.

D **Le commentateur.**

E La **télécommande** du passage des diapositives lorsqu'il n'y a pas de synchronisateur.

F **Le magnétophone.** Il est posé sur une table. On peut prévoir une petite lampe d'appoint.

G **L'écran.** Dimensions : de 100 x 100 à 180 x 180. Quatre qualités :
- écran mat, peu lumineux, mais angle de diffusion des rayons ouvert ;
- écran métallisé : plus lumineux, il convient dans une salle où on manque de recul ;
- écran perlé : il donne une image très lumineuse, mais dans un angle limité à 30° ;
- écran lenticulaire : images très brillantes, nettes dans un angle de 120°.

H **Les haut-parleurs.** Ils sont placés derrière ou sous l'écran.

SOURCES DES ILLUSTRATIONS

P. 5 : Bridgeman Art Library ; p. 9 : Dagliorti ; p. 11 : Dessain Et Tolra Éditeurs ; p. 13 : Edimedia ; p. 15 : Casterman/Hergé, *Le Trésor de Rackam Le Rouge* ; p. 17 : Casterman ; p. 23 : Giraudon ; p. 25 : Giraudon ; p. 33 : RMN ; p. 37 : Edimedia ; p. 39 : Lauros Giraudon ; p. 41 : Lauros Giraudon ; p. 43 : Giraudon ; p. 47 : H, musée national d'Art moderne ; mg : Lauros Giraudon ; md : Edimedia ; b : Lauros Giraudon ; p. 45 : Montico Lionel/hemis.fr ; p. 49 h et b et p. 51 : Bibliothèque nationale ; p. 53 : Plantu ; p. 55 : Castermann/Hugo Pratt, *Les Éthiopiques* ; p. 57 : D. R. ; p. 59 : Castermann/Hergé, *Le Trésor de Rackman Le Rouge* ; p. 61 : KFS Opera Mundi/Raymond, *Flash Gordon*, D. R. ; p. 67 : Les Éditions d'organisation ; p. 71 : IGN ; p. 77 : Gusman/ Leemage ; p. 79 : Magnum/Henri Cartier-Bresson ; p. 81 : Magnum/Henri Cartier-Bresson ; p. 83 : Le Figaro ; p. 85 : Marie-Claire Bis/Christof Gstalder ; p. 87 : CNRI ; p. 91 hg : Jerrican/Limier ; hd : Magnum/Freed ; bg : Jerrican /Limier ; bd : Magnum/Zachmann ; p. 93 : Magnum/Franklin ; p. 95 : Éditions Bernard Barrault ; p. 99 : Gillette/D. R. ; p. 103 : Jean-Loup Charmet, D. R. ; p. 107 : Mr Cruse ; p. 109 : Éditions Gallimard/Henri Galeron ; p. 111 : Virgin France ; p. 115 : WWF ; p. 117 : D. R. ; p. 119 : BAC Films ; p. 121 : Christophe L. ; p. 127 : Christophe L. ; p. 129 : L'Argonaute, D. R. ; p. 145 : Futuroscope ; p. 151 : L'Expert automobile ; p. 155 : Magnum/Franck ; p. 157 : Dessain et Tolra Éditeurs.

Édition : Laurence Accardo, Judith Ajchenbaum
Coordination artistique : Evelyn Audureau
Maquette : Thierry Méléard
Maquette de couverture : Sarbacane
Illustrations : D. P. associés, Laurent Blondel, Christian Maucler pp. 19, 21 et 35
Iconographie : Claire Balladur
N° édition : 10193140 – Axiome – septembre 2013
Imprimé par Clerc - N° d'impression : 13787